Inka Bach

Wir kennen die Fremde nicht

Inka Bach

Wir kennen die Fremde nicht

Rheinsberger Tagebuch

ULLSTEIN
BERLIN

Der Ullstein Berlin Verlag ist ein Unternehmen
der Econ Ullstein List Verlag GmbH & Co. KG

ISBN 3-89834-007-4

Printed in Germany
Lektorat: Krista Maria Schädlich
Gesetzt aus der Aldus 11˙
Satz: KCS GmbH, Buchholz/Hamburg
Druck und Bindung: Grafischer Großbetrieb Pößneck

Für Rosetta

»Ein neuer Bürger meines Lands wieder werden!
Wegen der kleinen Holunderbeeren
Der Sehnsucht und meines farbigen Kindertraums;
Des Worts Holunder wegen, wie auch des Baums:
(Bis heute träum ich von ihm als meinem Vertrauten)
Und auch des Gifts wegen, eingesaugt von den Augen.«

Marina Zwetajewa »*Holunder*«
deutsch von Sarah Kirsch

3. September 1998

Von Berlin bis Rheinsberg brauche ich mit meinem alten Daimler eineinhalb Stunden. Ich fahre bei Kremmen von der Autobahn ab. An den Alleen Vogelbeerbäume links und rechts; mit ihrem silbrigen Grün und niedrigen Wuchs stehen sie da wie Olivenbäume der Prignitz. Leuchtendes Hellrot der Beeren. In den nächsten Wochen wird der Holunder nach und nach schwarz werden. Um diese Jahreszeit verhalten noch das Violett an den dichten, runden Holunderbüschen. Äpfel überall am Weg. Schöne Eigenheit in Brandenburg, Obstbäume an die Allen zu pflanzen; früher wurde so die Vitaminversorgung der Bevölkerung gesichert. Ein Ort idyllischer als der andere – das sollen lauter braune Dörfer sein?

Ich war als Kind oft in dieser Gegend. Auch in Rheinsberg. Habe nur unklare, verschwommene Erinnerungen. Vielleicht kann ich sie wiederfinden. Ich werde ihnen auf der Spur bleiben.

Es ist mittags, als ich in Rheinsberg ankomme. Neben dem Schloss das mit Grau von DDR-Jahrzehnten überzogene Kavalierhaus: ein lang gestreckter, zweistöckiger Bau aus dem 18. Jahrhundert. Es wurde von Knobelsdorff als Domestikenhaus für das Schloss erbaut, später mehrmals umgebaut und erweitert, so dass hier auch Mitglieder des Hofes und seine Gäste wohnen konnten.

Wird sich zeigen, als was ich jetzt hier einziehe.

Das Kavalierhaus beherbergt heute zur Straßenfront die Touristeninformation und eine Galerie, hinter der die Stadtschreiberwohnung liegt. Die Tür zur Galerie steht offen, hinter dem Schreibtisch sitzt eine junge, schlanke Frau mit kurzen, dunklen Igelhaaren. Wir nicken uns zu, und dann stehe ich vor der Tür meiner neuen Bleibe und wundere mich, dass der Schlüssel nicht passt. Aber hier war es doch? Ich suche die anderen Ecken im Treppenhaus ab, nein, eine andere Tür gibt es nicht. Einen anderen Schlüssel auch nicht. Meine Sachen sind noch im Auto, also beschließe ich, erst einmal ein bisschen spazieren zu gehen und es später mit der Tür noch einmal zu versuchen.

Am Schloss vorbei, die Stufen hinunter zum See, um ihn herum, den »Poetenweg« entlang, ja, so heißt er – aber wo bin ich mit meinen Gedanken? Noch in Berlin, bei den Kindern, die heute Nacht das erste Mal mit Rosetta in der Wohnung bleiben werden. Und bei Georg, den ich noch kaum kenne, diesen seltsamen Kerl, der mir nicht aus dem Sinn will.

Eine Stunde später hantiere ich wieder genau so ratlos mit dem Schlüssel an der Tür herum. Frage nun die junge Frau in der Galerie, Karolin, stellt sie sich vor, wo denn bloß die Stadtschreiberwohnung sei. Ich dachte, da hinten. Ja, da ist sie auch. Nur, zeigt sie mir, gibt es hinter der Tür, zu der der Schlüssel nicht passt, noch eine Tür, zu der er passt. Ich kann in der Wohnung gerade nur meine Sachen auspacken, dann muss ich los.

Um 17 Uhr tagt die Stadtverordnetenversammlung im Rheinsberger Rathaus. An der Wand des Sitzungssaales eine Urkunde: seit 1996 ist Rheinsberg »staatlich anerkannter Erholungsort«. Die letzte Sitzung dieser Legislaturperiode, und der Vorsitzende zieht Negativ- und Positivbilanzen. Es ist von vielem die Rede in diesen zwei Stunden: von Straßenumbenennungen, Thermen, Leichenhalle, von Schadstoffemission, Kompost, Radweg und Straßenbau, von Trink- und Abwasser, vom Schlosstheater, dem Hotel am See und davon, dass die Haushaltsdefizite der Stadt nicht wesentlich gesunken seien. Mit keinem Wort erwähnt der Vorsitzende in seinem Resümee der letzten Jahre die Jugendprobleme, die gewalttätigen Vorfälle in der Stadt. Außerhalb von Rheinsberg redet man sich die Köpfe heiß, ist man empört, verunsichert, entsetzt, weiß nicht mehr, ob man sich noch nach Rheinsberg trauen kann, Schulklassen fahren inzwischen lieber nach Polen als in die neuen Bundesländer, auch wegen des Überfalls auf eine Schulklasse in der Nähe von Rheinsberg, und hier wird am Ende einer Legislaturperiode dieses Thema noch nicht einmal angeschnitten? Vielleicht finden die Lokalpolitiker es ja ganz in Ordnung, dass um die neuen Bundesländer wieder eine – nun unsichtbare – Mauer entsteht.

Wie passt dieses Verschweigen zu meiner Angst der

letzten Wochen, die Stadtschreiberstelle überhaupt antreten zu können? Ist Peter Böthig etwa nicht von einem besoffenen Jugendlichen verprügelt worden? Es war nach meiner Antrittslesung hier, die wir unter das Tucholsky-Motto gestellt hatten: »*Man ist in Europa 1 Mal Inländer und 22 Mal Ausländer. Wer weise ist: 23 Mal.*« Bis heute ist nicht geklärt, ob der Vorfall in Zusammenhang mit der Lesung steht. Ist Peter Böthig als Leiter der Tucholsky-Gedenkstätte zusammengeschlagen worden? Und auch, wenn es ein Zufall war, was die meisten hier annehmen: klare, öffentliche Worte sind wichtig. Gut, sie sind gefallen; es gab auch eine kleine Demonstration nach diesem 7. Juli. Aber heute? Dies ist nicht irgendeine Stadtverordnetenversammlung, bei der man zur Tagesordnung übergehen kann. Es ist die letzte einer Legislaturperiode, es wird bilanziert. Ich fühle mich veräppelt, schon deshalb, weil ich bei meiner Vorstellung zu Beginn der Sitzung gesagt habe, dass ich mich als Stadtschreiberin in Rheinsberg mit der Jugendgewalt beschäftigen werde und hoffe, dass sie heute zur Sprache komme.

Hinterher lädt man mich zum Spanferkelessen in den Innenhof des »Jungen Fritzen«, ein, nicht ohne schnellen Seitenblick auf meine Beine; ich gehe gern mit. Die beiden Abgeordneten der Grünen, einer betätigt sich nebenbei als Leierkastenmann der Stadt, erklären mir, die Presse mache Rheinsberg nur schlecht; solche Überfälle könnten überall passieren, nur nach Rheinsberg schaue man eben genauer.

Wieder in der Stadtschreiberwohnung, telefoniere ich

mit den Kindern, erzähle ihnen von der Sitzung, und meine siebenjährige Tochter sagt schlicht: »Spinnt Rheinsberg? Rheinsberg muss sich ändern!«

4. September

Zehn vor sieben wecken mich die Bauarbeiter auf dem Gelände vor dem Fenster. Zehn nach sieben werfen sie die Betonmischmaschinen an.

Manch einer, gerade manch Stadtschreiber, hätt' jetzt erst einmal eine Mängelliste aufgestellt:

Das Warmwasser geht nicht, stelle ich fest, als ich duschen will. Der Hausmeister sagt, es sei für einige Tage wegen der Baustelle gegenüber abgestellt worden.

Auf dem Boden des winzigen Duschraums entdecke ich Schamhaare des letzten oder vorletzten Stadtschreibers. Im Kassettenrecorder steckt eine zurückgelassene Kassette, »Element of Crime«, was an sich kein Mangel ist, obwohl, nach dem dritten Lied gehen mir diese Elements schon auf den Geist; aber das Radio funktioniert nicht, die Antenne ist verschwunden.

Es steht ein Fernseher im Raum, »Panasonic« mit Fernbedienung, auf einem hübschen Tischchen, passend zu den übrigen alten dunklen Möbeln, Palisander wohl, doch auch der Fernseher funktioniert nicht; an ihm baumelt zwar ein dünnes Antennenband, aber es gibt keine Buchse in der Wand.

Stadtschreiber in Klausur, informiert muss er nicht unbedingt sein. (Später stellt sich heraus, die Antenne gehört zum Radio, und der Vor- oder Vorvorgänger hat offenbar mit ihr versucht, den Fernseher in Gang zu bringen. Umsonst. Aber nun geht das Radio.)

Im alten, ehrwürdigen Glasschrank der Schreiberwohnung entdecke ich neben Lexika lauter Tucholsky-Taschenbücher, darunter sein »Pyrenäenbuch«.

Als ich das Bett beziehen will, finde ich Synthetik-Bettwäsche mit Reißverschlüssen. Wo kauft man denn die? Beim Otto-Versand, wie ich später im Otto-Versand-Laden in Rheinsberg entdecke. Aber es fehlt das Laken. Ein zweiter Kopfkissenbezug (kein zweites Kopfkissen, der Bezug ist also zum Wechseln) trägt einen Stempel: »Sanatorium Helmut Lehmann, Rheinsberg / Mark«, das Sanatorium, das im Schloss bis zur Wende untergebracht war, und eine Borte, die immer schön geschwungen ein einziges Wort wiederholt: »Gesundheitswesen«.

Schon gut, ich hatte eh nicht an heiße Liebesnächte in Rheinsberg gedacht, also werde ich auf dem Gesundheitswesen schlafen und hoffentlich gesund werden, »gesund wesen«. Die Schreibtischlampe hat einen Wackelkontakt; immer, wenn ich zum Füller greife, weil mir endlich ein Wort eingefallen ist, geht das Licht aus, vor Schreck ist dann auch das Wort wieder weg. Beim Tippen auf dem Laptop geht die Lampe erst gar nicht an. Ich beschließe also, liegend auf dem Bett zu schreiben; die Nachttischlampe hat zwei Leuchtvarianten, eine grelle und eine wärmere.

Über den wirklichen, den echten Mangel, den versperrten Blick zum See durch den halb fertigen, neuen Theateranbau, verliere ich kein Wort, da man nicht vermisst, was man nicht kennt. Oder? Der Vorvorgänger Rajvinder Singh, ein Inder, hatte mir den Neubau schon gepriesen, als Schutzwall vor den Rechten, von denen er hier belästigt wurde. Hielten ihn nachts mit seinem Auto an: »Ausweis her, SS!«, marschierten bei seinen Lesungen vor der Tür auf, quälten ihn mit Telefonterror. Schließlich hielt er es nicht mehr aus in der Stadtschreiberwohnung und bekam eine Kammer im Schloss. »Als ich in Rheinsberg war«, beruhigte er mich später, »war nach hinten zum See alles offen, jetzt gibt es den Neubau vom Theater, das ist besser, geschützter.«

Na ja, und der Baulärm! Überall, wo man in den letzten Jahren war, gab es Baulärm. Man würde sich ja gar nicht wohl fühlen ohne Baulärm. Es ist ein richtiges Zuhausegefühl mit diesem Baulärm vor den Stadtschreiberfenstern.

Und da ich aus der DDR bin, zu Bescheidenheit erzogen und Mängel gewohnt, nicht mit der Anspruchshaltung der Westler groß geworden bin, dass das Beste für mich gerade gut genug sei, gibt es also keine Mängelliste. Die Schamhaare haben mich als kollegialen Willkommensgruß gefreut; einen Fernseher brauche ich nicht, ich sehe auch in Berlin wenig fern; die Bettwäsche weckt nostalgische Erinnerungen (meine Eltern arbeiteten schließlich auch im DDR-Gesundheitswesen), und das Radio ging ja irgendwann doch, obwohl nicht lange. Ein Laken habe ich aus Berlin mitgebracht. Auch die Sache mit dem warmen Wasser klärte sich bald: unter der Spüle in der Küche fand sich ein Boiler, den stellte ich an, fünf Minuten später konnte ich duschen und war zumindest in diesem Punkt unabhängig von der Baustelle.

Was die Schreibtischlampe betrifft, geht das Schreiben auch gut ohne sie. Und vor allem auch ohne Laptop. Endlich wieder mit der Hand, mit dem Füller schreiben, nach langer Zeit, was für ein Genuss, eine wiedergewonnene Unabhängigkeit; Bewegungsfreiheit, mit der Kladde unterwegs, nicht abhängig von diesem Gerät, festgenagelt auf einen Stuhl. Mein Rücken freut sich über die Streifzüge durch Rheinsberg. Ich schreibe überall, und schon immer mochte ich Recherchen. Mein Arbeitsplatz ist nicht neben der Schreibtischlampe, sondern in der Stadt.

Gegen 11 ruft Georg an, redet wirres Zeug, hat die letzte Nacht mit einem Freund durchgesoffen. Man hört es. Was soll ich mit diesem Chaoten? Neun Jahre jünger als ich. Das mir, die fast immer mit älteren Männern liiert war. Der sucht wohl eine Mutter und Orientierung. Ich habe aber schon zwei Kinder. Und schließlich zwei Trennungen hinter mir: Zunächst vom Vater meiner Kinder, Thomas – Tucholsky hätte ihn einen kargen Schmuser genannt, einer, der sich in seine Arbeit flüchtet und das Familienleben verabscheut. Und unmittelbar darauf von Hannes – ein Schwerenöter. Beide eine schwer zu durchschauende und zu verdauende Mischung. Will keinen Mann mehr. Aber ist Georg denn ein Mann? Ein Clown ist er. Und kleiner, wiegt sicher auch drei, vier Kilo weniger als ich. Und hat kaum noch Haare auf dem Kopf, in seinem Alter, und redet, wie gesagt, lauter wirres Zeug. Aber witziges. Und bleibt dabei immer ganz cool. Georg Deauville. »Es ist schwer, sich nicht in dich zu verlieben.« Das hat er fast gerufen an dem Abend, in die ganze Runde hinein. Und ich habe es für einen seiner Scherze gehalten und nur mit dem Kopf geschüttelt. Nein!

Heute bin ich mit den beiden Streetworkern der Stadt verabredet. Wir treffen uns in ihrem Raum der Bibliothek. Die kleine Frau spricht mit leiser, aber intensiver Stimme. Der junge Mann, ein Bär, ein Schrank, wahrscheinlich auch für die körperliche Auseinandersetzung mit den Jugendlichen zuständig und Rheinsberger, lächelt dazu freundlich zustimmend. »Die Gewaltbereitschaft der Jugendlichen entsteht, weil sie außen bleiben. Niemand will sie haben. Gewalttäter werden als Helden gefeiert, sind Vorbilder für Jüngere, weil keine Strafe wirklich greift. Sie wollen Grenzen ausloten, und es gibt keine Grenzen. Vom Gericht als Strafe auferlegte Arbeitsstunden werden von Tätern nicht angetreten, da Laubharken angeblich demütigend sei.« Als sie meinen erstaunten Blick bemerkt, hebt sie nur die Augenbrauen und fügt bitter hinzu: »Mirco etwa, der Peter Böthig zusammengeschlagen hat, bekam eine Woche Hafturlaub, weil in der Strafanstalt Personal fehlte. Übrigens hat er nach zehn Schuljahren die achte Klasse abgeschlossen, hat drei Anläufe unternommen, den Realschulabschluss nachzuholen, und ihn nicht geschafft, und ich bin mir nicht sicher, ob er nun sein berufsvorbereitendes Jahr in Dabergotz, 40 km von Rheinsberg entfernt, durchstehen wird. Er muss mit dem Bus hinfahren und sehr früh aufstehen, und ich glaube nicht, dass dafür die Motivation reicht.« Sie fährt nüchtern fort: »Rheinsberger Betriebe bilden im Wesentlichen nicht aus. Die bis 21-Jährigen sind hier zu 80 Prozent arbeitslos. Sie sind keine Leistungsempfänger vom Arbeitsamt, sie kommen in kein Arbeitsbeschaffungsprogramm hinein; zum Teil hängen sie ohne Beschäftigung drei, vier Jahre bei ihren Eltern herum. Wenn sie endlich zu Hause ausziehen, können sie sich nur eine Wohnung allein nehmen, es gibt keine Jugendwohngruppen. Von 72 Schulabgängern in diesem Frühsommer haben erst zehn einen Ausbildungsplatz gefunden. Das Arbeitsamt hält die Zahlen zurück. Manche wiederholen noch einmal die zehnte Klasse, um überhaupt etwas zu tun und ihren Notenschnitt zu verbessern.« Ich frage sie, was sie als Streetworker, außer mit den Jugendlichen zu reden, tun können. »Wir kämpfen für ein Berufsförderjahr in Rheinsberg. Alle Maßnahmen, auch Suchthilfe und ›Opfer-Täter-Ausgleich‹ sind in Neuruppin; Rheinsberg ist ein weißer Fleck in der Jugendarbeit. Der Jugendausschuss tagt zwei Mal im Jahr, das letzte Mal im Februar; die anderen Ausschüsse aber treffen sich jeden Monat. Es gibt keine Lobby für die Jugendlichen nach der Schulzeit. Noch nicht einmal ein Interesse. Es bringt kein Geld, kurzfristig gedacht, langfristig wird das allerdings sehr teuer. Vor unseren Augen formiert sich eine Wehrsportgruppe, im Internet gibt es inzwischen schon zwei ›Kameradschaften Rheinsberg‹. Die Jugendgruppe der NPD verteilt in kobaltblauen Hemden Flugblätter und Sticker, organisiert Treffen in der Schulsporthalle zum Basketball. Und spielt mit den Jugendlichen alles andere als Basketball. Es gibt einige Organisierte auch in Rheinsberg, sie sind älter, Mitte 20, fallen weniger auf, sie sind gut gekleidet, benehmen sich gesittet, Parteimitglieder, ein

Spinnennetz in ganz Ruppin. Flecken-Zechlin ist schon weiter, da konzentrieren sie sich vor allem und wollen den Bürgermeister kippen. Weder NPD noch DVU kandidieren in Rheinsberg. Fast wäre es besser, sie würden es tun und zeigen, dass sie absolut unfähig sind. Die Programme lesen sich wie Butter, grauenhaft, verlockend, leicht eingängige Parolen, Phrasen, nichts weiter. Aber wenn es an die Umsetzung geht, sehen sie alt aus.

Jetzt ist die Kammeroperzeit vorbei; statt nun die Wintermonate in Rheinsberg zu nutzen, damit im nächsten Sommer nicht wieder Touristen angepöbelt und verschreckt werden, blendet man hier das Problem mit den Jugendlichen lieber aus.«

So der Bericht der Streetworkerin. Ich frage zum Abschied nach Mircos Adresse. Sie gibt sie mir.

Yvonne, die Bibliothekarin, mit der ich mich anschließend unterhalte, berichtet von Flugzeugen der DVU, die mit Wahltransparenten über der Schule von Rheinsberg kreisten. Und von Handzetteln mit zehn Punkten für die deutsche Jugend, die die Schüler aus der Schule mitbrächten. Übrigens sei die Sporthalle mit Hakenkreuzen beschmiert.

Als ich später einem Rheinsberger, mit dem ich vor der Konditorei ins Gespräch komme, von den Hakenkreuzen erzähle, fragt er mich: »In welcher Schule sind denn keine Hakenkreuze?« Nicht nur hier, mag sein, aber in allen? Unternimmt die Schule, tut die Stadt etwas dagegen? Der Mann verrät mir, es seien zwei Sozialarbeiter an der Schule beschäftigt.

In Rheinsberg wird sehr viel für die Schlosskultur getan, die die Einheimischen offenbar wenig interessiert, vielleicht auch, weil manches zu teuer ist, und recht wenig für die Stadtkultur, kein Kino, keine Disco in der Stadt. Manche Jugendliche gehen mit Fäusten in den Taschen herum, ihre Gewaltbereitschaft ist groß, ein Nichts genügt, und sie schlagen zu. Den Lokalpolitikern geht es offenbar nur darum, sie aus dem Stadtbild zu entfernen; die Polizei vertreibt sie; es werden ihnen die Bänke weggenommen. Sie aber sind auf dem Triangelplatz, weil sie die Öffentlichkeit suchen. Sie stehen auf den Plätzen und schreien mit ihrem provozierenden Verhalten immer nur das Eine in die Stadt: Beachtet uns! In Rheinsberg, und wahrscheinlich nicht nur hier, tut man genau das Gegenteil. Man blendet sie aus, ignoriert sie, schweigt sie tot. Umso mehr ballen sie die Fäuste in den Hosentaschen, saufen umso mehr, verhalten sich umso störender, auffälliger, aggressiver. Werden nicht gebraucht, sind nicht erwünscht, nicht wichtig. Oder doch? Deutsche Jugend.

Die Rheinsberger werden mich lynchen, wenn ich ausgerechnet in ihrer Stadt über Rechtsradikalismus schreibe, als wäre es ein spezielles Problem von Rheinsberg. Wenn ich das Problem auf Rheinsberg fokussiere, stempel ich Rheinsberg als rechtsradikalste Stadt in Brandenburg ab, werden sie denken. Nein, das tu ich nicht. Ich bin zur Zeit Stadtschreiberin von Rheinsberg und nicht einer anderen Stadt. Ich mache keine soziologische oder statistische Erhebung. Ich schreibe konkret über das, was ich hier sehe und höre oder auch nicht sehe und nicht höre. Aber die Rheinsberger werden eh ihr Rheinsberg nicht wiedererkennen, so wie ich es als Fremde sehe. Ja, was passiert eigentlich, wenn die Rheinsberger irgendwann einmal lesen, was ich über ihre Stadt schreibe? Sie werden sagen: Wie kommen Sie eigentlich dazu?

Im »Pyrenäenbuch« schreibt Tucholsky: »*Ich weiß so viel aus Büchern über die Pyrenäen. Aber was habe ich gesehen? Was kann überhaupt ein Fremder sehen? Ich denke immer: Wenn ein Berliner die Schilderung eines Amerikaners über seine Stadt liest, dann ist er amüsiert, gekränkt, geschmeichelt – aber auch ein bisschen unbefriedigt. Der Midi-Mann, der dieses Buch vielleicht in die Finger bekommt, der Pariser, dem ich zeige, was ich aus seiner Stadt nach Hause berichte, sie sagen bestenfalls: ›Es sind keine groben Fehler in Ihrer Arbeit. So ungefähr sieht es aus.‹ Aber – aber es ist nicht* das. *(›Ce n'est pas ça‹ ist ein sehr guter französischer Ausdruck.) Es fehlt für den einheimischen Leser irgend etwas, er kennt das doch anders; es ist eben der Fremde, der das geschrieben hat, einer, der ›Sie‹ zu Paris sagt.*«

Das Schlimmste an der Baustelle ist nicht der Baulärm, noch fürchterlicher ist das quäkende, laute Kofferradio, das irgendwo einsam auf der Baustelle am späten Nachmittag zurückbleibt. Ich denke, weil ich keine Bauarbeiter mehr sehe und höre, hoffentlich haben sie es nicht vergessen. Dann wird es die ganze Nacht spielen. Aber nein, schließlich macht es jemand aus. Wo steckt der letzte einsame Bauarbeiter?

Wieder ein Anruf von Georg; er möchte mich in Rheinsberg besuchen. Ich wimmle ab. Eigentlich hätte ich nichts dagegen, mit ihm hier ein bisschen spazieren zu gehen. Aber wie ihn wieder wegschicken, wenn es dunkel wird?

Mir fällt jetzt ein, dass ich an dem Abend, als wir uns kennen lernten, einen entscheidenden Fehler gemacht habe. Ein anstrengendes Drehbuchseminar war es, in dem zu viel und zu laut gestritten wurde, und ich nahm das erste und wohl auch das letzte Mal daran teil. Eine junge Frau hatte sich einen lustfeindlichen Film ausgedacht, in dem Männer kastriert wurden. Als es mir zu bunt wurde, warf ich ein: »Aber ich liebe Sex. Sex ist was Wunderbares.« Später beim Griechen saß Georg hartnäckig neben mir, ein pausenlos redender, nervöser Possenreißer, ein Witzbold, Woody Allen, dachte ich; und mir gefiel es, mich nicht mehr langweilen zu müssen. Spitze Bemerkungen, spitze, lustige Mäusezähne dazu, eine Nase, die seinem französischen Namen Ehre macht, ein luftiges Gedankenfeuerwerk, immer begleitet von subtiler Gestik, auffallend gepflegte Fingernägel, ein bisschen Dandy, ein bisschen tänzerisch, sehr ironisch, schillernd der ganze Mensch. Unter anderen saß eine hübsche Miriam mit am Tisch, und die beiden kannten sich wohl schon gut. Sie wurde immer stiller im Laufe des Abends, verabschiedete sich schließlich, nicht von mir, von Georg, und fragte, ob sie ihn mitnehmen soll. Er wollte noch bleiben. Sie setzte nach: »Die letzte U-Bahn ist weg.« Er zuckte nur mit den Achseln. Und ich, gutmütig und beschwipst, sagte: »Macht nichts, ich habe ein Taxi.« Alle lachten, nur Miriam war ganz offensichtlich beleidigt. Aber ich hatte ihr nichts wegnehmen und auch nichts vermasseln wollen. Ich bin keine Rivalin, ich bin männermüde. Ich fragte Georg, als sie weg war, ob er etwas mit ihr hätte. Nein. Und er sagte nun: »Es gibt wenig Frauen, die so selbstverständlich über Sex sprechen können wie du.« Ich verstand ihn zuerst nicht. »Was habe ich denn gesagt?« – »Dass du Sex magst.« Da war er auf dem Tisch, mein Fehler. Sachlich-fachlich während des Seminars gemeint, aber doch ein Fehler. »Aber ich mag keine Beziehung«, antwortete ich. »Und Sex pur auch nicht.«

Gegen 20 Uhr quietschen die ersten Jugendlichen mit ihren Autos in die Kurven. Kronprinz Friedrich auf seinem Sockel, jung und fesch und die rechte Hand locker auf der Hüfte, schaut schräg am Triangelplatz vorbei.

5. September

An diesem Samstag wimmelt es schon am Vormittag von Touristen, B und HH an den Nummernschildern. Zwei Fiaker vor dem Schloss-Eingang, die beiden Herren darauf mit Cowboy-Hüten. Ein kleines ovales Schild an einer dicken Kastanie vor dem Schloss erinnert an Tucholskys »Bilderbuch für Verliebte«: *»Liebesspendende / glückbringende / vom Zauber behaftete kleine Stadt Rheinsberg / Wir umarmen Dich / Wolf und Claire«*. Mildes Septemberwetter, Sonne, leichter Wind, kurzärmelig; die ersten Herbstfarben.

Und eines der aufregendsten Ereignisse im Jahr: die aufplatzenden, grünen Kastanienstachelkugeln und das Knacken, wenn die braunen, glänzenden Kastanien herausspringen.

Mir fallen nun die anderen Kastanien ein, die in Berlin, nachts, als Georg und ich nach dem Drehbuchseminar in Friedenau, zwischen Bundesallee und Hauptstraße in den kleinen, ruhigen Straßen mein Taxi suchten. Ich wusste wieder nicht, wo ich es geparkt hatte. Wir mussten es beinahe eine Stunde suchen, zwischen den ersten Berliner Kastanien, mit denen wir Fußball spielten. Wir liefen auf der Mitte der Fahrbahn und lachten, bis mir der Bauch wehtat. Zwischendurch fragte ich ihn, woher er seinen französischen Namen und seine französische Nase hat. Ob er Hugenotte sei. Nein, er ist katholisch; sein Großvater war Franzose, aus der Provence; der hat sich im Ersten Weltkrieg in eine Deutsche verliebt, hat ihr ein Kind gemacht und, Ehrenmann, ist bei ihr geblieben. Georg aber wurde in Schweden geboren, in Malmö. Dahin hatte es Anfang der sechziger Jahre seinen Vater als Monteur verschlagen. Mit sieben lebte er dann noch ein Jahr in Brasilien, eine andere Station für den Monteur, bevor Georg schließlich von seinen Eltern in ein Dorf in der Rhön verschleppt wurde und dort unglücklich wurde. Warum unglücklich? »Ach, Provinz und Hausbau.« Er spricht keinen Dialekt, aber man ahnt den leichten hessischen Tonfall.

Und nun denke ich hier mitten im tiefsten Preußen über diesen seltsamen Vogel nach, der mich nicht schlafen lässt. Wie das? Georg tanzt. Aus der Reihe.

Kleiner, schmaler, jünger als ich. Ein Habenichts, ein Tunichtgut. Mit Anfang Dreißig noch Student, steckt in den letzten Prüfungen fest, lebt mit Ofenheizung, Außenklo. Gerade in dem Augenblick, in dem ich nach meinen Trennungen in Geldnot gerate. Ich habe nicht alle Tassen im Schrank. Aber ist da noch etwas? Nach all den protestantischen, älteren Workaholics, die ich bisher kannte? Eine Ansammlung von Pastorensöhnen habe ich zustande gebracht, alle waren sie Pastorensöhne, auch Hannes und Thomas. Zugegeben, sie waren nicht gläubig, eher Abtrünnige, aber doch bis in die Wolle gefärbt von protestantischer Ethik. Donnerwetter! Eine Anhäufung von Protestantismus. Eine Anhäufung von einschüchternder, pflichtbewusster, dominanter Arbeitsmoral. Professoren, Regisseure, Architekten und Schriftsteller. Väterliche Über-Ichs. Das hab ich also wahrlich genossen und durchlitten. Und jetzt fällt mir auf: Ich habe inzwischen viel mit Katholiken zu tun, sehne mich nach engem Kontakt mit ihnen. Rosetta aus Italien, Regine aus München, Eva aus Polen, Gisela ist Katholikin und und und. Juden gibt es nicht mehr so viele. Und Muslime? Mit Schleier herumlaufen? Mensch, lass doch die Kategorien! Georg. Aber wenn das so ist, was will ich dann eigentlich hier in Preußen, in Rheinsberg? Ich will wieder nach Paris!

Aber da ist zum Beispiel die Ruine des Hoftheaters, bemoost und bewachsen, mit antikisierender Tempelfassade, ohne Dach. Das Theater wurde noch in den letzten Tagen des Zweiten Weltkrieges zerstört und soll nun bis zum Jahr 2000 unter der Ägide der Musikakademie wieder aufgebaut werden. Ruinen versetzen mich immer in einen Zustand wehmütiger Trance: Kindheit in Dresden, Ferien bei der Großmutter, die ich über alles geliebt habe. Und die ausgebrannten Skelette noch Jahrzehnte in der zerbombten, einst so schönen Stadt: Es war einmal ... Märchenburgen, Traumräume zum Klettern. Nachtspeicher voller Geschichte, Erinnerungen, Gefahr, Abenteuer, Phantasie und morbider Freiheit. Und nur dort.

Kaufe beim Imkerstand vor dem Schloss ein Glas Rheinsberger Honig, Klee mit Himbeere, 6,50 DM. Für Tee an langen Herbstabenden, die nun bald kommen werden.

Bisher keine Rechtsradikalen gesehen. Aber woran erkennt man sie? Auch keine Glatzen. Die jungen Männer sind alle kurz geschoren, aber nicht ganz kahl. Einfach eine Mode? Ich denke, der harte Kern hält sich jetzt woanders auf. Man hat die Polizeipräsenz die Sommermonate über, für die Zeit der Kammeroper in Rheinsberg, verstärkt, ganze Mannschaften von der Autobahn abgezogen. Wegen der Touristen. Es gab Anrufe, Anfragen von Touristen, ob es noch sicher genug in der Stadt sei, ob man es wagen könne zu kommen, und es gab auch Absagen, die sich Rheinsberg nicht leisten kann. Seitdem sind die Glatzen nicht mehr an der Bushaltestelle vom Triangelplatz, wo sie bisher nachts saßen und soffen und Peter Böthig überfallen haben. Die Polizei soll jetzt, da die Kammeroperzeit vorbei ist, wieder abgezogen werden. Aber was dann? Was ist im Winter hier los? Und wo treffen sie sich jetzt? Werde bald einmal an die Orte gehen, wo man sie vermutet: zum Stadion, in den »Club 30« und ins »Internet-Café«.

Reichlich Veranstaltungen für dieses Wochenende angekündigt: ein Wildschweinfest in der Umgebung, ein Fischerfest, ein Sommerfest in der Friedrichpassage hier in Rheinsberg, ab 19 Uhr Live-Musik. Am 3. Oktober ein Herbstfest in der Rhinpassage, am 10. und 11. Oktober dort ein Töpfermarkt. Gut, die Jugendlichen haben kein Geld, sind deshalb nicht mobil. Aber mit einem Fahrrad käme man auch zum Fischerfest und kann, wenn's einen interessiert, gucken, wie Netze geknüpft werden. Da sagen einige, die Straßen hier seien zu gefährlich zum Fahrradfahren. O. k., das stimmt. U. P., die Streetworkerin, will einen Disco-Shuttle einrichten, damit die Jugendlichen sich nicht zu Tode fahren. Sie schärft den Mädchen ein, sich nicht in ein Auto zu einem Besoffenen zu setzen und wirkt damit auch indirekt auf diese ein. Übrigens erzählte sie, der harte Kern hätte zum Teil auch Freundinnen, an die käme sie aber nicht heran, die seien verschlossen wie Austern. Und sie ist davon überzeugt, dass es auch gewalttätige Mädchen in der rechten Szene gibt.

Ich habe den Eindruck, in der Gegend jagen sich die Ereignisse und Feste. Warum heißt es, nichts sei für Jugendliche da? Aber was weiß ich schon? Im »Pyrenäenbuch« steht:

»Der Engländer fährt durch Driesen an der Drüse und sieht, dass es ein kleines Amtsgericht hat, und schreibt sich das auf. Aber von dem Antrittsbesuch

des Referendars, der da seine erste Station abmacht, von der einmaligen Wintergesellschaft bei Amtsrichters, vom Stammtisch und dem Knatsch mit dem Apotheker ahnt er nichts. Und wenn man es ihm zeigte, verstände ers nicht. Und wenn ers verstände, könnte ers nicht richtig wiedergeben. Und gäbe ers richtig wieder, dann fassten es seine Leser nicht. Weil es fremd ist, vom andern Ufer, und weil sie unter der abweichenden Form das Gemeinsame nicht wiedererkennen. Berliner Weißbier ist nicht exportfähig.«

Der Galerist im Kavalierhaus, wo heute eine Ausstellung eröffnet wird, sagt, als ich ihn wegen des Überfalls auf Peter Böthig anspreche, »Ja, der hat was auf die Mütze gekriegt.« Als wär's nix weiter. Er meint, so was passiere halt, das könne überall passieren. »Mit rechter Gesinnung hat das nichts zu tun, die sind so blöd, dass sie gar nicht wissen, was links und rechts ist. Die führen leicht gängige Parolen im Munde, mehr nicht.« Ich verrate ihm, dass es im Internet zwei »Kameradschaften Rheinsberg« gibt. Da staunt er. »Wirklich?« Hoppla! Das erschreckt ihn nun wirklich. Was sehen eigentlich die Rheinsberger von ihrer Stadt? Tun sie ab, damit die Touristen nicht wegbleiben? Beiläufiges, Verharmlosendes, Bagatellisieren. Angst, ihr Rheinsberg würde schlecht gemacht. Die Fremden sind Nestbeschmutzer.

Ja, natürlich kann das überall passieren, das gibt die fremde Stadtschreiberin zu. Es passiert aber nicht nur eben einmal ausnahmsweise. Nicht, dass es überall passieren kann, sondern dass es überall passiert, ist ja das Beunruhigende. Und immer wieder und immer mehr passiert es. Auch in Rheinsberg.

Mir scheint, als würden tatsächlich nur die von außen hinsehen: Peter Böthig, der in Berlin lebt und der Meinung ist, das Thema Rechtsradikalismus würde hier mehr als in Berlin heruntergespielt. Und davon ausgeht, dass die Akzeptanz in der Bevölkerung mancher Orte in Brandenburg sehr hoch ist. Yvonne, die Berlinerin ist und bis vor kurzem in Neuruppin gearbeitet hat. Karolin, die erst vor ein paar Jahren aus Berlin hierher gezogen ist, sie kommt ursprünglich aus Thüringen, aus Eisfeld und lebt mit einem Mann aus Bremen hier, der jede Woche zwischen Hamburg, wo er als Altenpfleger arbeitet, und Rheinsberg pendelt. Karolin sagt, ich sollte unbedingt an die Schulen gehen, ihre Tochter Maria würde Erschütterndes von dort berichten. Im »Alten Fritz« hätten übrigens vor einigen Tagen mehrere Männer »Ausländer raus!« gegrölt, und der Wirt habe nichts dagegen unternommen. Sie frage sich, wo hier denn Ausländer seien. Ja, als ausnahmsweise einmal ein Ausländer da war, als Radjvinda Singh hier Stadtschreiber war, da hätten sie ihn terrorisiert, sie hätte ihn öfter nachts nach Hause bringen müssen. Und sie fragt: »Warum jetzt Peter Böthig?«

Warum nicht demnächst ich? Wenn ich ehrlich bin, mag ich nicht gern nachts allein in der Stadtschreiberwohnung sein. Was ist, wenn ich die Tür zumache und einschlafen will und nicht kann. Wer hat mir erzählt, dass Mirco im Kampfsport ausgebildet sei?

Der Schriftsteller Robert Schindel ruft aus Wien an. Auch er pendelt zwischen seinem Landsitz, dort schreibt er, und Wien, wo seine Mutter in einem Pflegeheim liegt. Als ich ihm von dem Vorfall in Rheinsberg erzähle, ist seine erste Frage, ob Peter Böthig als Leiter der Tucholsky-Gedenkstätte zusammengeschlagen wurde. »Ich weiß es nicht.« – »Und jetzt hast du Angst?« – »Ja.« Freundlich ermunternd: »Die Wahrscheinlichkeit, dass es einen trifft, ist doch sehr gering. Ich gewinne ja auch nicht im Lotto. Warum sollten sie da gerade mich überfallen? Man darf ihnen nicht so einfach das Terrain überlassen.« Er hat recht. Ich wurde noch ängstlicher, als ich mich nicht hergetraut habe. »Es ist nicht gut, wegzubleiben.« Seine unhysterische Art tut mir gut. Irgendwann im Frühling hatte ich ihn gefragt, ob er einverstanden sei, wenn ich ihn für die Rheinsberger Stadtschreiberstelle vorschlage, und will nun hören, ob er sich das immer noch vorstellen kann. Er hat überhaupt keine Bedenken, keine Sekunde zögert er mit seiner ach so jüdischen Nase. Na, wenn er sich traut, sollte ich mich ja wohl auch! Ihn interessiert vor allem, ob in der Wohnung ein Fernseher sei. Ja, aber der ginge nicht. Vielleicht funktioniert er, bis er hier eintrifft.

Ich erkunde ein bisschen die Stadt.

Eben erst entdecke ich am Platz vor dem Kavalierhaus an einem der großen Bäume ein Schild: »Friedenseiche 1814«. Es wird viel gebaut in Rheinsberg. Seniorenbetreutes Wohnen; 22 Zweizimmerwohnungen mit 22 Stellplätzen; achtzehn Einfamilienhäuser. Neben dem Friedhof ein »Spar« im Rohbau, ein Richtfestkranz auf dem Dach. Daneben »Aldi«. Hier entdecke ich den ersten und einzigen Obdachlosen in der Stadt. Komme zur »Heinrich-Rau-Oberschule«, einem großen, alten Gebäude, in dessen großzügigem und grünem Hof ein Teich mit Bambusschilf angelegt ist. Die Schule beherbergt auch die Volkshochschule: Englischkurse, Computerkurse, Problemzonengymnastik. Gehe weiter die Menzer Straße entlang Richtung Ortsausgang. Dort stehen Neubauten, nicht hoch, zunächst relativ modern, in lockerem Abstand, viele Bäume dazwischen, grüne Anlagen, Wäscheleinen mit Wäsche, ein wildes Feld dahinter. Es gibt schlimmere Neubauviertel. Weiter hinten eine etwas ältere, nicht ganz so aufgelockerte Wohnanlage. Es wirkt aber nichts trist, abgezirkelt oder abweisend. Jedoch die wenigen Menschen, die mir begegnen, gucken mir sehr, sehr misstrauisch nach. Ich habe hier nichts zu suchen, das spüre ich. In einem der letzten Häuser, am Ortsausgang, wo die Landstraße nach Menz beginnt, wohnt Mirco. Auf der anderen Seite, gegenüber den Neubauten, befindet sich das Stadion, das ein Treffpunkt der rechten Szene sein soll, auch weil man immer wieder Musik von Neonazi-Bands höre. Im Moment ist dort niemand. Die ganze Gegend wirkt erschreckend leer und still; beinahe unheimlich. Neben dem Stadion eine vergammelte DDR-Kindergarten-Baracke, die geschlossen wurde, zum Glück.

Von dort bis zum Bahnhof sind es nur zehn Minuten. Hier werden öfter Liebespaar-Touristen, die auf Claires und Wölfchens Spuren reisen, von Glatzen begrüßt und angepöbelt. Heute sind keine Liebespaare und keine Skins da. In der Bahnhofskneipe ältere Männer und friedliche Ehepaare, ein paar Besoffene. Um 14 Uhr 24 kommen meine beiden Kinder, Silke und ihr Sohn Paul mit einem Regionalzug von zwei Waggons an, mit der sogenannten »Schweinetaxe«. Warum sie so heißt, hat mir bis jetzt niemand verraten. Rechtzeitig können wir eine halbe Stunde später ein Hochzeitspaar in der mit Blumen geschmückten Pferdekutsche vor der Kirche »St. Laurentius« bestaunen. Die Kinder wollen Bockwürste essen, die sie dann aber, weil sie ihnen zu dick und zu fett sind, mit den Papptellern auf die Stufen des Standesamts legen, dorthin, wo noch Blumen für das Hochzeitspaar gestreut sind. Ich entdecke die angebissenen Würste im Ketchupbrei erst Stunden später und schäme mich. Ich bin hier doch schließlich eine öffentliche Person! Was ist mit meinen an sich recht gut erzogenen Kindern los? Als Ruben ein Veranstaltungsplakat kaputtreißen will, schimpfe ich mit ihm. »Ist doch nur Werbung«, erwidert er trotzig. »Nein«, sage ich, »und wenn?« Habe ich ihnen zu viel von Rheinsberg erzählt, dass sie jetzt glauben, sich hier so aufführen zu können? Einen Augenblick später die nächste Katastrophe: Ruben wird am See von einer Frau aufgefordert, den »Müll«, mit dem die drei Boot spielen, ein paar Holzstücke, aus dem Wasser zu holen. Er tuts; mit dem Ergebnis, dass seine Sachen nass sind. Aus dem Waldspaziergang, den wir vorhatten, wird nichts. Die Kinder verteilen in der Stadtschreiberwohnung auf dem Boden Malstifte und Papier.

Immerhin, ihnen gefällt's dann doch in Rheinsberg so gut, dass sie nicht mehr weg wollen. Ich allerdings wurde aus meiner schönen, stillen Schreiberleinruhe aufgestört.

6. September

Der Sonntag ist verregnet. Die nächsten zwei Tage brauche ich in Berlin, um die Wohnung auf Vordermann zu bringen, den Kühlschrank aufzufüllen und für die nächsten Tage, die ich in Rheinsberg sein werde, eine Betreuung zu organisieren. Rosetta, meine süditalienische Freundin, bleibt normalerweise jede Woche mit den Kindern ein paar Tage in der Wohnung, schickt sie in die Schule, kocht und bringt sie zu Bett. Für die ganze Rheinsberger Stadtschreiberzeit hat sie mir das angeboten – und umsonst, als Freundin. Sie war Buchhändlerin in einer italienischen Buchhandlung, hat vor kurzem gekündigt und lebt jetzt, ziemlich knapp, aber frei, von Italienisch-Privatstunden. Ruben und Olga lieben sie, und ich kann getrost die Tür hinter mir zumachen, wenn sie Pasta kocht und Hausaufgaben betreut. Sie ist die jüngste meiner Freundinnen und mit ihren 60 Jahren ein vergnügtes, weises Kind. Rosetta, die als eine der ersten Frauen in Italien die Scheidung eingereicht hat, die mit der Geliebten ihres Mannes, die auch ihre beste Freundin war, zusammen gelebt und mit ihr die Söhne der beiden, ihren eigenen Sohn und den Halbbruder, großgezogen hat. Die in Rom eine Frauen-Film-Kampagne mitbegründete, bevor sie mit vierzig Jahren nach Deutschland ging, Familie und Heimatland verließ. Eine radikale, mutige Frau, mit Herz und klarem Verstand, der ich einige der schönsten Sätze für meine eigenen Lebensentscheidungen verdanke.

In der nächsten Etappe kann Rosetta nicht kommen. Telefoniere deshalb mit der schwangeren Khyana, die kurzfristig einspringen will. »Warum abstürzen?«, erwidert sie, als ich sie nach ihrer Meinung zu den Jugendproblemen frage. Ich erzähle ihr, dass es in der Ostprignitz 16,6 Prozent Arbeitslose gebe. Sie aber sagt: »Arbeitslosigkeit allein kann nicht der Grund sein. Im Süden sind sie auch arm und haben doch Lebensfreude. Ich würde in Rheinsberg schon allein die Landschaft genießen.«

Georg steht unangemeldet mit einer Flasche Calvados vor der Tür. »Wie kommst du dazu?« – »Du hast in Paris gern Calvados getrunken, nicht?« – »Hab ich das erzählt?« Es stimmt. Und woher weiß er, dass ich heute aus Rheinsberg zurück bin? Habe ich ihm das auch erzählt? Muss aufpassen, darf nicht so viel mit ihm reden. Der hört ja richtig zu! Er wollte eigentlich heute Abend in die Sauna gehen, eröffnet er mir. »Gehst du oft in die Sauna?« – »Zweimal in der Woche.« – »Aha, ist das eine Männersauna?« – »Du meinst, ob das eine Schwulensauna ist? Würdest du in eine Schwulensauna gehen?« – »Nein, ich würde eigentlich nicht in eine Schwulensauna gehen«, sage ich. »So kommen wir nicht weiter«, sagt Georg. Also trinken wir Calvados, ich wärme vorher die Gläser, aber nach zwanzig Minuten erkläre ich ihm, ich hätte zu tun. Das scheint ihn nicht weiter zu stören; er geht zu den Kindern und wirft mit ihnen Pfeile auf die Zielscheibe an der Wand des Kinderzimmers. Ruben und Olga juchzen vor Vergnügen. Später, während ich telefoniere, höre ich ihn Jazz auf dem Klavier spielen. Und er bringt es tatsächlich fertig, dass bald auch die Kinder ihren Mozart üben.

Regine, die ich wegen meines Hörspiels anrufe und der ich meine Rheinsberger Recherche schildere, erzählt von der Öde und Leere des Ortes an der Nordsee, in dem sie oft die Ferien verbringt, die nur mit Bier zu bekämpfen sei. Gestehe Regine meine Angst wegen der rechtsradikalen Gewalttaten in Brandenburg; wir überlegen zusammen, warum das passiert. Inzwischen ist offensichtlich eine explosive Melange entstanden: Das Naheliegende und Erste, was immer alle vorbringen und nun auch Regine: die hohe Arbeitslosigkeit in den neuen Bundesländern, sie wird dafür verantwortlich gemacht. Ich widerspreche: Untersuchungen zeigen, dass die Täter oft feste Arbeits- oder Ausbildungsplätze haben. Oft sind sie mit Auto, CB-Funk und Handy besser ausgestattet als die Polizei. Und wurden nicht schon vor der Wende die durch die DDR-Regierung bewusst von der Bevölkerung abgeschotteten Asiaten und Afrikaner als »Fitschis« und »Bimbos« bezeichnet? Ich lese Regine Fakten vor, die vor mir auf meinem Schreibtisch liegen: Knapp die Hälfte aller rechtsextremistisch motivierten Straftaten wurde 1997 in den neuen Bundesländern begangen, dort aber leben nur 17 Prozent der gesamten Bevölkerung Deutschlands. Auch die ausländerfeindliche Skinhead-

Szene ist im Osten deutlich stärker präsent als im Westen: Etwa die Hälfte der rund 7600 gewaltbereiten Glatzköpfe lebt in der Ex-DDR, und die Szene wächst. Im Frühjahr ist eine Forsa-Umfrage veröffentlicht worden, der zufolge die Hälfte der Brandenburger rassistische Vorurteile hat. Wer glaubt da im Ernst, die seien erst nach der Wende entstanden?

Regine erzählt mir, dass sich im Juni dieses Jahres eine Podiumsdiskussion in Berlin mit der Frage beschäftigt hat, ob Ostdeutsche anfälliger für Rechtsradikalismus seien, weil sie die Revolte von 1968 nicht miterlebt hätten. Mein Gott, ja! Ihr widerstrebt solche Arroganz. Mit Recht. Mir aber geht es nicht darum, überheblich solcherart Unterschiede zwischen Ost und West aufzulisten, so wie es jetzt geradezu ein Sport in den Feuilletons geworden ist. Zu beklagen: dass die Ossis leider noch keine Wessis geworden sind, dass Ost und West leider doch nicht so schnell zusammenwachsen. Nicht Gleichschaltung, Gleichmacherei kann das Ziel sein. Und schon gar nicht auf diese arrogante Weise, mit der in den alten Bundesländern das Ungenügen der neuen beanstandet wird. Mir geht es um die nicht abreißende Kette von Gewalttaten der Rechtsradikalen im Osten, und ich versuche zu verstehen, warum das besonders hier ausbrechen musste. Regine warnt mich vor Dämonisierung, manches, das Outfit, die Springerstiefel und die kahlen Köpfe, sei nicht mehr als Mode und eine Jugendrevolte, wie wir sie mit anderen Mitteln auch durchlebt hätten.

Später am Abend schiebe ich ein paar Entenbeine in den Ofen. Von irgendwo tauchen meine Kinder mit Georg auf. »Was habt ihr gemacht?« – »Comics gelesen.« Olga sitzt bereits auf Georgs Schoß. Man guckt mir beim Kochen zu. Ich gucke misstrauisch zurück. Georg merkt es, springt vom Stuhl auf, steht jetzt Ruben als Cowboy gegenüber, beide schießen, lassen sich zu Boden fallen. Dann rufe ich, sie könnten eigentlich mal den Tisch decken. Wir essen zusammen. Die Kinder gehen ins Bett. Georg und ich trinken Calvados. Erzähle ihm von meinen beiden Trennungen. Er hört mir lange zu, schaut mich mit silbrigen Augen an. Sie sind eigentlich grün. Liegt es am Kerzenlicht, dass sie so schimmern? Tiefe, dunkle Schatten unter den Augen. Es ist nach Mitternacht. Er nimmt nicht die letzte U-Bahn. Will sich ein Taxi leisten, sagt, um sich nicht den Abend zu verderben. Eine unschuldige Umarmung zum Abschied.

8. September

Schicke die Kinder zur Schule und würge ein Brot hinunter. Ich kann nie richtig frühstücken. Bevor ich nach Rheinsberg aufbreche, diesmal nur für einen Tag, weil ich morgen einen Hörspiel-Termin mit Regine habe, lese ich schnell noch die »Berliner Zeitung«. Sie berichtet von einem Prozess gegen einen als rechtsradikal bekannten neunzehnjährigen Bernauer. Der Jugendliche hatte Ende Juli einen 53 Jahre alten Gambianer auf offener Straße als »Nigger« beschimpft und mit Faustschlägen traktiert. Wegen der Nierenverletzungen muss sich das Opfer bis heute ärztlich behandeln lassen. Der Prozess wurde nun erneut vertagt, da sich die Zeugen, Bauarbeiter und Polizisten, nicht genau an den Tathergang erinnern konnten.

Stehe später auf der Autobahn im Stau. Immer noch blüht das große herrliche Mohnfeld bei Schwante. Holunderbeeren reifen vor sich hin. Manche Häuser verlassen an der Landstraße.

»Am Haus, das leer ist, jahrelang ohne Rauch:
Der Zurückgebliebene, der Holunderstrauch.«

Ich ertappe mich dabei, wie ich ungeduldig im Stau »Georg« vor mich hin murmel. Ich spitze den Mund und lache albern. Und sofort vergeht mir das Lachen. Zwei Jahre ist es her, dass Thomas mir eröffnete, er habe sich in eine seiner Studentinnen verliebt, 31 Jahre jünger als er, und er wolle mit ihr zusammenleben, er wolle auch Kinder mit ihr. Wir hatten acht Jahre zusammen gelebt, zwei davon, die ersten beiden, glücklich. Gab ich nun Hannes' jahrelangem Werben nach, um mich zu trösten? Vielleicht auch. Ich war schon länger verliebt in ihn, ausgehungert, sehnsüchtig, fiebrig vor Verlangen. Zunächst trafen wir uns über Wochen heimlich. Thomas kam ja noch immer nach Hause, und ich hoffte, sein Verhältnis zu der jungen Frau könnte nicht von Dauer sein, er würde schließlich doch bei mir und unseren Kindern bleiben, er würde ihnen die Trennung nicht zumuten. Sie waren erst fünf und sechs Jahre alt. Er konnte das nicht wirklich tun, er würde wieder zur Besinnung kommen. Thomas heiratete schließlich doch, zeugte wieder ein Kind, und in dem Augenblick, als Hannes und ich versuchten, zusammenzuleben, ging unsere Liebe in die Brüche.

Ich lebe jetzt ein Jahr ohne Mann und weiß nicht, ob das viel ist. Nach einiger Zeit der Keuschheit vergisst man offenbar die Liebe. Wie man beim Fasten irgendwann auch keinen Hunger mehr spürt. Jetzt taucht plötzlich Georg auf und verwirrt mich. Ich kenne die Junggesellen – sie sind nicht ausgelastet, haben zu viel Zeit und Energie, wollen versorgt werden, sind bedürftig, einsam, sehnsüchtig, schließlich nervtötend, anspruchs- und vorwurfsvoll. Mir fehlt nichts, basta, ich fühle mich mit meinen beiden Kindern vollständig und ganz und gar ausgelastet in einem Alltag, der viel Zeit und Energie fordert. Ein Mann steht in der Küche, die Hände in den Hosentaschen vergraben, und wartet darauf, dass ich mich endlich ihm widme. So ist das. Aber so war Georg gestern gar nicht. Er hat mir nicht einen Moment das Gefühl vermittelt, dass ich mich um ihn kümmern soll. Er war bei den Kindern, spielte Klavier und plünderte zwischendurch den Kühlschrank. Und das hat mir am besten gefallen, wie er mit den Kindern war, leicht, verspielt, selbstverständlich, unbemüht. Nein, trotzdem, das wird noch kommen, das »Sei nur für mich da! Vergiss deine Arbeit, deine Kinder!« Warum sollte Georg anders sein? Ich habe mich dafür entschieden, keinerlei Hilfe mehr von Männern zu erwarten. Ich werde alles allein schaffen. Allein mit den Kindern, erhole ich mich langsam. Von Tag zu Tag geht es mir besser. Ich genieße es sogar, die Wasserkisten zu schleppen. Dafür brauche ich mitnichten Männer.

Ich brauche Zeit, die seelischen Strapazen mit Thomas zu verarbeiten. Hannes verstand dies als Liebesentzug, dass ich einfach nur ein paar Stunden allein sein wollte nach einer aufwühlenden, kränkenden, belastenden Begegnung mit Thomas, der in der Trennungsphase alles andere als fein war, auch nicht zu den Kindern. Kaum war er zur Tür hinaus, stand Hannes vor mir. Ich bin in dieser Zeit fast wahnsinnig geworden unter dem Klippklapp. Es sei eine Entfremdung in der Liebesbeziehung, meinte er, wenn ich ohne ihn die Trennung von Thomas verarbeiten wollte. Er, gerade er, der sehr wohl darauf bestehen konnte, für sich zu sein. Er hatte nicht alle Tassen im Schrank, symbiotischer Klammeraffe! Wenn unsere Liebe eine Chance hätte haben können, dann nur mit dem Recht, auch für mich sein, auch einmal, ein einziges Mal Nein sagen zu dürfen.

Schluss, du kennst die Männer! Schlag dir diesen Georg mit den Silberaugen aus dem Kopf!

Fast wäre ich in eine Radarfalle geraten. Schon ist die erste Schachtel Zigaretten leer und noch nicht einmal Mittag. Ich muss mit dem Rauchen aufhören. Rheinsberg.

Ich mache meinen Spaziergang, wie immer zuerst zum Schloss und dann durch die Stadt, Berlin und mich und meine Geschichte im Gepäck:

»Ich habe immer Furcht, dass mich ein Baske, ein Katalane, ein französischer Unterpräfekt eines Tages auf der Straße anhalten wird, sich meine Notizen

geben lässt, sie liest und dann spricht: ›Mensch, was weißt denn du–?‹
Ist einer eine langweilige Type, dann nimmt er alle Tatsachen korrekt auf und darf schreiben: ›Reise durch die Pyrenäen‹. Jeder kann den Wittenbergplatz fotografieren, damit hat er alles gesagt und nichts.

Ist einer ein Kerl, dann steht er sich selbst im Wege, bei allen Schilderungen, und wenn er fertig ist, darf er nicht sagen: ›Reise durch die Pyrenäen‹. Er müsste sagen: ›Reise durch mich selbst.‹«

Später am Nachmittag besucht mich ein Journalist der »Märkischen Allgemeinen Zeitung« in der Stadtschreiberwohnung. Er will ein Interview mit mir machen. J. R.: ein Autodidakt, gelernter Elektromechaniker, stammt aus Fürstenberg und ist vor einigen Jahren wegen seiner Frau hier hergezogen. Vor der Wende war er Kulturfunktionär, ein paar Wochen in der Modrow-Zeit sogar Bürgermeister von Rheinsberg. Jetzt möchte er gern einmal nach Fangasso in Mali reisen, der Partnerstadt von Rheinsberg.

Ich frage ihn, ob es hier Rechte an den Schulen gebe. Eine Hand voll, sagt er, mehr nicht. Als ich mich nach Mirco erkundige, berichtet er, der habe die Strafe angenommen, allerdings behauptet, er könne sich an nichts erinnern. Er hatte 1,7 Promille im Blut, so viel, dass man durchaus zurechnungsfähig sei und sich normalerweise auch erinnern könne. Er soll gesagt haben: »Wenn das stimmt, was Sie mir vorwerfen, möchte ich mich hier entschuldigen.« Taktik? J. R. fragt, ob ich mit dem Jungen sprechen möchte. Ich überlege. Habe auch schon daran gedacht. Andererseits sehe ich die Gefahr, dass er sich eh schon vor seinen Freunden wie ein Held fühlt. Es ist schon vorgekommen, dass Fernsehjournalisten und andere Öffentlichkeitsjäger rechten Gewalttätern Geld zugesteckt haben, damit sie sich in Szene setzen und medienwirksam vom Leder ziehen.

Bis 17 Uhr wieder Bauarbeiten, schrille Sägetöne. Kopf- und Gliederschmerzen. Warum schon wieder? 17.30 Uhr heftiger Regen, von weit Donner.

Nach dem Regen Schwalben, so viele Schwalben!

Wie viele Jahre brauche ich noch, um wieder gesund zu werden? Das Atemlose meiner Tage und Nächte verschwindet mehr und mehr. Der Druck verschwindet. Noch nicht die Schmerzen, aber der Druck. Ohne Mann, das ist das Zauberwort. Der Tagesablauf ist effektiver geworden, gelassener, die Zeit mit den Kindern zärtlich und die Stimmung gelöst, heiter. Ich trinke abends Kräutertees statt Rotwein, gehe früher ins Bett und komme mir gar nicht spießig vor, ich komme vielmehr zu Kräften. Und wenn ich länger aufbleibe, arbeite, telefoniere oder einfach nur Zeitung lese, so tu ich es freiwillig und bin selbst schuld, wenn ich am Morgen müde bin, und brauche auf niemanden wütend zu sein. Allein die Tatsache, dass mir der preußisch funktionierende, disziplinierte Hannes seinen strikten Tagesablauf nicht mehr vorlebt und damit zum permanenten Überich wird, ist schon eine Befreiung. Ich funktioniere anders als er; ich kann wieder nach meinem Rhythmus leben, habe ihn wiedergefunden. Ja, Alleinsein, das ist das zweite Zauberwort. Wie lange das gut gehen wird, weiß ich nicht. Vor allem weiß ich nicht, ob ich überhaupt noch lieben kann.

Ich schlafe kurz ein und träume: Ich fahre mit dem Auto durch Berlin, Thomas sitzt neben, seine Mutter hinter mir. Stau. Thomas weist mich über schiefe Steinplatten aus dem Stau auf eine Wiese. Der Wagen droht bei den Steinen hängen zu bleiben, ich habe Angst, dass er kaputt geht. Thomas schnauzt mich an, obwohl er selbst mich da hinein dirigiert hat. Ich drehe kurz entschlossen um und fädel mich wieder ein, vor einen großen Bus, vor dem ich Angst habe. Aber ich schaffe es.

Eine Stunde später laufe ich im spätsommerlichen Abendlicht am Rheinsberger Schloss vorbei durch den Park zum Obelisken und dann durchs Gehölz vom Grienericksee zum Berbecker See. Ein Waldpfad, der mich zurück zum »Poetenweg« führt und wieder zum Schloss.

Ein Geglitzer und Geflimmer links und rechts von mir, und doch schau ich nicht nur auf den See. Auf dem feuchten Waldboden steht ein blassgraubrauner Steinpilz. Zwei kleine kommen noch dazu. Wie lange habe ich schon keine Steinpilze mehr gefunden?

9. September

Mallarmés 100. Todestag.

Und Großmutters Geburtstag. Viermal hat sie in Dresden einen Antrag gestellt, weit über 70 Jahre alt war sie da schon, um zu ihrer Tochter und ihrer Enkelin, zu mir, in den Westen reisen zu dürfen. Viermal ist der alten Frau der Antrag von den DDR-Behörden wegen unserer »Republikflucht« abgelehnt worden. Man hat ihr den Besuch verweigert, aus Rache. Dann ist sie gestorben, ohne uns noch einmal zu sehen.

10. September

Ich hätt' gut Lust, einmal die 40 km von Kremmen nach Rheinsberg zu Fuß zu gehen. Vor Schönberg stehen jedes Mal drei Pferde auf einer Weide: ein schwarzes, ein weißes und ein braunes. Junge Pappeln, silbrig. Alleen, Ortschaften, Felder; und immer mit dem Auto wie nix dran vorbei.

Und hier fährt man sich also zu Tode.

Ich habe die DDR früher Nebelland genannt. Jetzt weiß ich, sie war auch das Land der Benebelten. Flucht in den Alkohol, Bier und Schnaps. Dieses Land war nur mit Flucht zu ertragen. Unbewusst, bewusstlos, dumpf, gewalttätig. Bier und Schnaps, noch immer.

Seit der Wende gefährdet Suff nicht nur Familien, er ist längst keine gewalttätige Privatangelegenheit mehr, er ist ein Politikum. Rechtsradikale Überfälle werden fast immer unter Einfluss von Alkohol begangen.

Der Gesetzgeber hat sich nun ausgedacht, Alkoholmissbrauch sei strafmildernd, und das wirkt auf die jungen Säufer eher ermutigend. Akzeptanz durch Rechtsprechung. Und im Fall Mirco entdecke ich, dass Alkohol noch einen weiteren Vorteil hat: man kann sich hinter ihm verstecken, man kann sich angeblich an nichts erinnern. So kann man sich auch nicht zur Tat und den Motiven äußern. Kann nicht wirklich zur Verantwortung gezogen werden. Alkoholmissbrauch als Kavaliersdelikt.

Aus Untersuchungen weiß man aber, dass niemand einen Ausländer oder eine »Zecke« zusammenschlägt, nur weil er besoffen ist. Zuerst ist der Hass da, dann die enthemmende Wirkung des Alkohols. Nie umgekehrt. Doch wäre es ohne Bier und Schnaps wirklich zu jeder Tat gekommen?

Alle in Rheinsberg, mit denen ich darüber gesprochen habe, sind sich einig, dass Alkohol ein großes Problem für die Jugendlichen ist. Und? Nichts geschieht.

Stehe nun in meiner Stadtschreiberwohnung, stehe da und wundere mich. Ich weiß nichts mit mir anzufangen. So viele Aufregungen, Erlebnisse, Menschen am Tage. Jetzt bin ich allein. Werde mich wohl erst daran gewöhnen müssen. Immer die Kinder, die Freunde in Berlin um mich, seit Jahren; ich kenne das Alleinsein nicht mehr. Und finde im »Pyrenäenbuch« einen Text, der trägt die Überschrift »Allein«.
»Ich müsste mir mal wieder die Nägel schneiden.«, lese ich. Ja, ich auch. Und: *»Jetzt ist es blaudunkel. Wenn jetzt einer hereinkäme und mich fragte: ›Sagen*

Sie mal, was machen Sie eigentlich hier –? Ich müsste antworten: ›Ich vertreibe mir so mein Leben.‹«

Ich liege auf meinem Stadtschreiberbett und schneide mir die Nägel. Der gestrige Abend: Ich hatte Eva gebeten, etwas später bei uns zu putzen und zu bleiben, bis die Kinder schliefen. Fuhr wieder zum Drehbuchseminar. Warum, weiß ich nicht. Als ich sah, dass Georg nicht da war, wusste ich es. Wegen ihm. Und freute mich, als er etwas später doch noch auftauchte. Mir schien, als würde er neben mir beben. Unsere Hände auf dem Tisch kamen sich näher; ich sah beinahe Funken zwischen ihnen sprühen. Vermied, ihn anzuschauen, und dennoch trafen sich unsere Blicke immer wieder. Kann man nichts dagegen tun? Muss mich das einholen? Ich hab diesmal die Klappe gehalten, um nicht wieder in eine Falle zu geraten. Obwohl es mir nicht ganz gelang. Ich kann nie unbeteiligt bleiben und nur zuhören. Aber wenn ich mich recht erinnere, sprach ich über Politik. Georg führte sich dann im Auto seltsam auf: er fing an zu bibbern und zu schluchzen, klapperte mit den Zähnen und machte sonst noch allerlei Späße – ein leidender Mann, nahe dem Weinen. Ich fragte: »Soll ich dich retten?« Da staunte er, wirkte schon gleich ein bisschen normaler. Ich: »Finde ich eigentlich nicht sehr erotisch, wenn es dir schlecht geht.« Ich spürte schlichtweg, dass es so schlimm um ihn nicht bestellt sein konnte, zumindest nicht in diesem Moment. Er hatte wohl versucht, mein Herz zu erweichen. Na, und jetzt war er sofort, mit einem Schlag, wieder klar und nüchtern und zwei Sekunden später auch der alte Witzbold.

Er führte mich in seine Stammkneipe in der Nähe vom Schloss Charlottenburg, und irgendein witziges, wildes Teufelchen in mir wollte wissen, was mit mir und ihm und überhaupt noch an diesem Abend geschehen würde. In der Kneipe niemand mehr außer uns und der hübschen Besitzerin. Georg bat sie, Musik aufzulegen, und eh ich mich versah, tanzte ich mit ihr. Gern. Erotisch. Georg sprang indes um uns herum wie ein aufgescheuchter Hahn, rannte hinaus in die Kälte und zurück, wieder um uns herum, bis ich schließlich ging und mich in mein Taxi setzte. Ruhig und frei und sicher vor ihm.

Am Nachmittag fahre ich die drei Kilometer von Rheinsberg nach Flecken-Zechlin, bin dort mit einem Mitarbeiter der Jugendbildungsstätte des DGB verabredet. Das Heim liegt an einer der schönsten Stellen in der Prignitz: Schwarzer See links, Zechliner See rechts, hölzerne Brücke, die ersten schwarzen Holunderbeeren, ein Schwan segelt auf dem Wasser, Wildgänse fliegen Richtung Süden, manche überwintern neuerdings im Rheinland, heißt es. Sie machen hier Zwischenstation.

Im Haus lauter schöne Mädchen. 80–100 Jugendliche seien immer zu Seminaren da, erzählt R. K., ein stiller, wenig eitel wirkender Westfale. Berliner Klassen sagten wegen der Überfälle von Rechten allerdings mehr und mehr ab: »Das haben wir nicht nötig.« Im Januar 96 war eine Türkin, die als Gast an einem Seminar teilgenommen hatte, von einem Glatzkopf auf der Straße fast überfahren worden. Ich habe von dem Vorfall schon gehört. Er hat sie mit seinem Trabi gejagt, hinterher ein fremdenfeindliches Motiv zugegeben. Und – er würde es wieder tun. Seit damals geht N., der Leiter des Heimes, hart gegen die Skins aus dem Ort vor; sie sind nicht mehr im Heim erwünscht, sie werden weggeschickt. Wegen der vielen schönen Mädchen lungern sie häufig in der Nähe herum. An den offenen Tagen kommen nur wenige, und die wollen im wesentlichen provozieren. Für Jugendliche des Ortes werden ab und zu Seminare abgehalten. R. K. will sie mehr mit einbeziehen, wird eine Video-Gruppe gründen. Dreimal die Woche von 15 Uhr bis 18.30 Uhr ist das Haus für sie offen.

Auf Initiative des Leiters ist ein Jugendclub in Flecken-Zechlin entstanden. In ihm dominieren nun die Glatzen. Die beiden ABM-Frauen, die dort arbeiten, seien fix und fertig mit den Nerven, erzählt R. K.; die eine habe eingestanden: »Das Ganze mit den Rechten hat was Erotisches, deshalb wird man damit nicht fertig.« Da sagt sie was! Über Geschmack lässt sich nicht streiten. Oder doch?

Eine Bewerberin für die freie Stelle in der Jugendbildungsstätte, die man unbedingt nehmen wollte, sagt, als ich da bin, telefonisch ab. Ihr Freund ist Chinese.

Im Haus ist am Vormittag eine Ausstellung über das KZ Sachsenhausen eröffnet worden; ich hatte davon in der Zeitung gelesen. R. K. weiß nichts davon. Wir suchen und finden sie in den Gängen. Sehe auf den Fotos, was ich schon wieder vergessen hatte, dass 1992 nach dem Staatsbesuch Jitzhak Rabins in Sachsenhausen die sogenannte, einstige »Judenbaracke« durch einen Brandanschlag zerstört wurde. Sie ist nun als Museum wieder aufgebaut worden. Im Garten grillen die Jugendlichen. Sonnenuntergang über den Seen.

R. K. entdeckt auf der Treppe einen Skin. Er habe hier nichts zu suchen. Fordert ihn auf, sofort zu gehen. Damit der nicht das Gesicht verliert, gibt ihm R. K. drei Minuten, geht inzwischen telefonieren. Der Junge verschwindet.

Die Rheinsberger Gruppe soll geschlossen der DVU beigetreten sein, erzählt R. K. Eine Nachricht, die er seit Dienstag von U. P., der Streetworkerin, hat. Vorigen Freitag, als ich mit ihr gesprochen habe, war noch nicht davon die Rede.

Als ich mich gegen 22 Uhr verabschiede, warten vor dem Heim auf R. K. fünf Jugendliche, fünfzehn, sechzehn Jahre alt. Die, mit denen er eine Videogruppe gründen will. Die anderen seien noch im Auto-Kino bei »Godzilla«.

In Rheinsberg im Dunkeln über den leeren Platz; eine Gruppe Jugendlicher, die ich nicht sehe, nur höre. Das ist die Situation! Ich straffe meine Brust. Höre nur das Wort »Pistole«. Mehr nicht.

11. September

Tag für Tag immer dieser friedliche Eindruck. Wenn man's nicht besser wüsste. Von Ferne, aus der Presse, aus Erzählungen, Berichten. Unter der Oberfläche. Und je näher man dran ist, desto weniger glaubt man's. Und doch, es ist da, aber nicht *offen* sichtlich.

Dass der harte Kern von Rheinsberg, die fünfzehn Jungs, in den letzten Tagen der DVU beigetreten ist, woran sieht man das? Würde ich noch fünf Jahre hier in Rheinsberg leben, redete ich wahrscheinlich genauso wie die Rheinsberger: »Ist nicht alles ganz friedlich?«

Noch keinen Schläger, noch keine Schlägerei, noch keinen Verkehrsunfall gesehen und noch keinen Verkehrstoten auf den schönen Alleen. Und doch gibt es sie.

Das Telefon klingelt: Georg. Er habe sich gerade eine Glatze bei seinem türkischen Friseur scheren lassen. Ich schreie entsetzt auf: »Warum das?« – »Ich denke, du beschäftigst dich mit Skins? Und ich möchte, dass du dich mit mir beschäftigst.« Ich sage ihm, ich werde ihn so lange nicht sehen, bis er wieder seine hübsche, runde Platte mit dem Haarkranz drumrum hat. Er lacht schadenfroh und legt auf. Mistkerl!

Was soll's! Mit Glatze kann er mir nicht mehr gefährlich werden. Wie immer zunächst die Zeitungen durchforsten: »Schade, dass es die DDR nicht mehr gibt.« Fazit eines Gesprächs, das ein Redakteur der »MAZ« mit Jugendlichen in einem Dorf bei Potsdam führte. Ein Achtzehnjähriger: »Wer rechts ist, ist gegen Anarchie und für einen ordentlichen Staat. Die DDR war ein ordentlicher Staat.« Viel besser als das große Deutschland heute. »Die DDR hat dafür gesorgt, dass nicht zu viele Ausländer in die DDR kamen.«

Innerhalb der Dorfhierarchie stehe der ganz oben, der die meisten Schlägereien hinter sich, möglichst vielen Ausländern und Linken die Nase, den Schädel zertrümmert habe. Hinterher würde sich darüber dann kringelig gelacht. Auf die Frage: »Gibt es eine Hemmschwelle bei einer Schlägerei?«, antwortet einer der Jugendlichen: »Wenn der Alkoholpegel steigt und der richtige Mut da ist, haste keine Hemmschwelle mehr. Dann würdeste garantiert jemanden totschlagen. Wenn's richtig losgeht, haste so 'ne Wut im Bauch. (...) Man hat schon ordentlich was getrunken (...) bloß, die meisten können auch im nüchternen Zustand jemanden totschlagen.«

Jeder im Dorf besitze rechtsradikale Bücher und Musik. Man singe: »Jude, Jude, wir ersaufen dich, Jude, wir verbrennen dich.« Nicht nur, wenn man besoffen sei. Nur draußen würde man es nicht mitkriegen, es sei ja verfassungswidrig.

Sozialarbeiter L. kommentiert später das Gespräch: »Rechter Extremismus herrscht überall in der Jugendkultur.« Jungen seien fast ausnahmslos rechts, politisch neutral seien eigentlich nur die Mädchen. Linke gebe es überhaupt nicht. Und wenn irgendwo doch, hielten sie sich versteckt, trauten sich kaum 'raus.

Die Jugendlichen werden gefragt, was sie gegen Ausländer und Linke hätten. »Die rennen mit den feinsten Klamotten rum und liegen dem Staat auf der Tasche. Dann fahren die das tollste Auto, so 'nen Dealer-Wagen, tragen die neusten Nike- und Adidas-Klamotten, die unsereins sich nicht leisten kann. Es sind ja nicht nur Türken, die dem Staat auf der Tasche liegen. Es gibt auch hier welche, die nicht arbeiten wollen. (...) Irgendwann kommt aber auch für die die Zeit.«

Hört man da nicht geradezu die Eltern sprechen? Wenn es nicht diese Vorwände sind, sind es halt andere: Wenn Ausländer arbeiten, nehmen sie Arbeitsplätze weg, und so weiter, ganz nach Belieben.

Die neuen, die westlichen Verhältnisse, heißt es, seien schuld am Rechtsradikalismus in den neuen Bundesländern. Und überhaupt an allem. An der hohen Arbeitslosigkeit selbstverständlich. Wer sagt da bitte einmal, dass 40 Jahre Misswirtschaft nicht auch etwas kosten? Die DDR war pleite, und die meisten der Probleme in den neuen Bundesländern sind hausgemacht, auch der Ausländerhass. Es ist ja ein verbreiteter Irrglaube, Diktaturen sorgten wenigstens für Ordnung. Abgesehen von der Frage, was das denn für eine Ordnung sei. Wer weiß schon, was hinter den öffentlichen und privaten verschlossenen Türen der DDR geschehen ist? Die Kriminalitätsstatistiken der DDR sind bekanntlich gefälscht worden. Und nur weil man jetzt von Ausländerfeindlichkeit spricht, habe es die früher nicht gegeben? Oder auch zum Beispiel von Sexualverbrechen? Ich bin in meiner Kindheit so vielen Triebtätern begegnet wie nirgendwo später. In der U-Bahn, in der Straßenbahn, an dunklen Ecken. Einmal, mit dreizehn, hat mich ein Mann beinahe ermordet. Das Verfahren gegen ihn wurde eingestellt, weil er ein tüchtiger Arbeiter war. Gerade im DDR-Klima der Einschüchterungen konnten Übergriffe gegenüber Schwächeren, die sich nicht selbstbewusst zur Wehr setzten, prächtig gedeihen. Und nicht anders, vermute ich, sieht es mit der Ausländerfeindlichkeit aus. Jetzt, da sie sichtbar wird, seien der Westen, der schwache Staat, Liberalität, Arbeitslosigkeit und weiß ich was schuld? Unsinn.

Die Ablehnung von Ausländern war schon in der DDR weit verbreitet. Und nicht nur unter Jugendlichen, die nur offener und brutaler reden und agieren. Gewalt gegen Ausländer geschieht, weil sie von der Allgemeinheit akzeptiert wird. Das Unter- und Herrenmenschenvokabular ist hier virulenter geblieben als im Westen. Aus vielen Gründen: Fortbestehen der autoritären Strukturen, eine luftdicht abgeschlossene Gesellschaft. Und sicher hat auch das Tabu Nationalsozialismus dazu beigetragen. Angestautes Tabu, vom DDR-Staat unterdrückte, nicht durchlebte, nicht erarbeitete Geschichte. Verordneter, verlogener Antifaschismus. Jetzt ist der Deckel weg, und der Gestank kommt hoch, durch Großeltern, auch durch Eltern an die Jugendlichen weitergereichte Vorurteile und Naziideologien.

R. K. meinte gestern bei unserem Gespräch in Flecken-Zechlin, ich sollte mich den Rheinsberger Jugendlichen ruhig nähern; wenn sie nicht wüssten, wer ich bin, was ich mache, wenn ich für sie ein Fremdkörper in der Stadt bliebe, wäre es für mich möglicherweise gefährlicher. Aber ich sollte mir vorher genau überlegen, was ich von ihnen wollte. Wenn ich unklar wäre, wüssten sie nicht, ob ich vielleicht von der Polizei oder der Presse käme. Das könnte schief gehen. Stadtschreiberin wäre wohl auch nicht so ganz das Richtige, wandte ich ein. Nein, da wüssten sie vielleicht nicht, was das sei. Film – verstehen sie das? »Ich komm mir vor wie ein Dompteur oder wie im Zoo.« Musste lachen. »Wie nähert man sich am besten den gefährlichen Tieren, von hinten nicht, von vorn nicht, wie dann? Ich hab's: von der Seite!«

Sitze am Vormittag bei Yvonne in der Bibliothek; draußen scheint die Sonne. Wir besprechen die Planung einer Diskussionsveranstaltung an der »Heinrich-Rau-Schule« über Rechtsradikalismus für November. Minister Reiche soll kommen. Noch ein, zwei Autoren unserer Berliner Autoren-Initiative »Courage gegen Fremdenhass« dazu einladen? Unklar, ob dafür von irgendwo Geld kommt. Yvonne will sich darum kümmern.

Erfahre von ihr, dass am 9. September die beiden Streetworker bei den Stadtverordneten im Rathaus einen Termin hatten. Ganze drei Lokalpolitiker sollen erschienen sein, kaum Bürger. Es interessiert sie offenbar die Jugendarbeit wirklich nicht.Oder strafen sie die Streetworker mit Ignoranz und Verachtung? Die beiden sollen auf der Sitzung »fertig gemacht« worden sein. Sie hätten nichts erreicht, also könnten sie auch nicht abrechnen. Was ist mit »abrechnen« gemeint?

Habe mir auf dem Markt geräucherten Fisch gekauft und eine schwarze Fellweste für 49,50 DM, lang und mit Kragen. Bei einem Ausländer. Ja, auf dem Markt gibt es Ausländer; sie verkaufen hauptsächlich Klamotten.Die Weste soll mir gegen die Rücken- und Nackenschmerzen helfen. Ich kränkel schon wieder. Das geht seit Anfang August so: Immer wieder Hals-, Glieder-, Rückenschmerzen. Ich bin über meine Angst krank geworden.

Ich gehe mit meiner neuen Fellweste spazieren, ich gehe sehr langsam; es liegt jetzt ein Dämmerlicht über den Straßen, das mich einhüllt. Und ich genieße es. Dies ist nicht mehr die DDR. Ich fühle mich wohl hier und kann gar nicht verstehen, dass ich mich die ersten beiden Monate meiner Stadtschreiberstelle kaum hergetraut habe. Obwohl ich schon Wochen vorher für die Kinder eine Ferienbetreuung in Rheinsberg organisiert hatte, an einer der beiden Schulen und im »Haus der Begegnungen«, die ich dann absagen musste, weil ich mir nach dem Überfall auf Peter Böthig nicht mehr vorstellen konnte, in meiner Schreiberstube allein ruhig zu sitzen und zu schreiben, während draußen die Kinder auf Fahrrädern durch die Wälder ziehen, im See baden, durch die Felder streifen und dabei, so sah meine Angst das, ständig gefährdet sind. Mit ihren russischen und hebräischen Namen, mit einer Mutter, die sich mit ihrer ersten Lesung gleich als Ausländerfreundin eingeführt hat. Allein die Vorstellung irgendwelcher Schikanen, dass man die Kinder vom Rad schmeißt, zum Beispiel, hätte genügt, um mir die Ruhe zum Schreiben zu nehmen. Und noch etwas hat meine Angst verstärkt: ich kenne mich. Wenn ich lange genug Angst gehabt habe, dann stürme ich irgendwann aus meiner Bude heraus und stürze mich in einen wilden Kampf, der mir meistens nicht bekommt. Meine Angst ist auch unterdrückte Aggression, Aggression gegen eine Gewalt, der ich hoffnungslos unterlegen bin. Habe mich also lieber in die Krankheit geflüchtet. Ich erinnere mich, dass mir in dieser Stimmung meine erste Fahrt nach Rheinsberg eine Zwischenblutung beschert hat. Die unklare Situation, die dann folgte, hat mich immer mehr gelähmt. Für meine Gesundheit wäre ein offener, heftiger Konflikt besser als die unheimliche, zugedeckte, verdrängte Stimmung seit dem Vorfall mit Peter Böthig. So wie mir drei Tage heftiges Fieber lieber wären als diese schleichende Grippe über Wochen. Ich werde Rheinsberg mehr für Spaziergänge an der frischen Luft nutzen. Sonst habe ich die Sommergrippe noch bis Ende November.

Faszination für die Fallschirmspringer der NATO, die Blau an Blau in Albanien bei einem Manöver in den Himmel springen. Eine blaue fliegende Fallschirmkette. Möchte ich auch, möchte ich auch wagen, möchte ich auch wissen, ob ich das wagen könnte. Brauche ich jetzt eine Mutprobe?

Zwei lachende Putzfrauen am späten Nachmittag auf der Baustelle. Sie machen das Klohäuschen sauber, das unmittelbar vor meinem Küchenfenster steht und manchmal stinkt. Die hellen, fröhlichen Frauenstimmen sind ungewohnt und machen gleich gute Laune. Ich schaue zum Fenster heraus, grüße und frage, worüber sie sich so amüsierten. Sie tuen erst etwas peinlich berührt, dann lesen sie mir die Klosprüche vor, die sie hinterher von den Wänden schrubben: »Hier auf dem Klo, da ist ein Geist, der jedem in die Eier beißt, mich hat er noch nicht gebissen, ich hätt' ihm auf den Kopf ge …«

Am Marktplatz vor der Kirche ein Eisstand: »Eiszauberei«, der als Touristenattraktion Meerrettich- und Möhreneis verkauft. Ich hab's noch nicht probiert, aber das Privathaus der Besitzer in der Stadt entdeckt, mit der Reklame: »Eiszauberei gibt es nur einmal«. Glaub' ich gern.

Übrigens ist in Rheinsberg alles teurer, selbst als in Berlin. Sprit, Obst, Kaffee. Die Obstfrau auf dem Markt sagte mir, dass sei nur logisch, wo sie doch weniger verdienten, müssten sie auch mehr bezahlen. In der Kneipe in Flecken-Zechlin kostet ein Glas Rotwein, das nicht schlecht war, 2,50 DM, im »Deutschen Haus« in Rheinsberg 8,50 DM.

Ein herrlicher Sommerabendregen.

12. September

Niemand in der Jugendbildungsstätte von Flecken-Zechlin konnte verstehen, warum man mir in Rheinsberg gesagt hatte, die Rechten konzentrierten sich in Flecken-Zechlin. Man hatte das nämlich von Rheinsberg vermutet.

Es besteht, so erfahre ich von Yvonne, mit der ich in der verrauchten Küche der Bibliothek Kaffee trinke, eine alte Feindschaft zwischen Rheinsberg und Flecken-Zechlin. Deshalb zeigen wohl auch jetzt die Rheinsberger mit Fingern auf den Nachbarort: dort sind die Rechten, nicht bei uns. Und die Flecken-Zechliner tun's in die andere Richtung. Habe vom selben Phänomen in Thüringen gehört. Die Rudolstädter zum Beispiel haben natürlich überhaupt keine Neonazis, die sind alle im benachbarten Saalfeld. Und umgekehrt. In Wirklichkeit aber sind beide Städte Hochburgen der Rechtsradikalen.

Ich frage Yvonne, ob sie das »Pyrenäenbuch« in der Bibliothek hat; sie holt es, und ich lese ihr eine hübsche Passage daraus vor:

»*Die Täler ... Eins ist ihnen allen gemeinsam, und ganz besonders denen um Barèges und Luz herum, also ungefähr in der Mitte der Pyrenäen –: ihr starker Sinn für Abgeschlossenheit. ›Barèges den Leuten aus Barèges!‹ Und weil es ein altes soziologisches Gesetz ist, dass man Näherstehende viel mehr hasst als Fremde, die jenen gegenüber fast sympathisch erscheinen –: so hassen Rumänen die Österreicher, haben aber nichts gegen die Reichsdeutschen, und so verachten die Leute aus Barèges die, so ein Tal weiter wohnen, haben aber nichts gegen die durchreisenden Engländer. Aus verschiedenen Gründen, versteht sich.*«

»Ob das wohl so ganz stimmt, Herr Tucholsky?«, fragt Yvonne. »Gäb ja dann keine Xenophobie, gäb ja dann nur Hass auf den Aller-Nächsten. Den auch. Aber den Hass auf den Aller-Fernsten doch auch.« Womit sie recht hat.

»Waren schon mal Afrikaner hier«, fällt mir ein, »welche aus eurer Partnerstadt Fangasso?« – »Nein, aber es wird darüber nachgedacht.«

»Ob die christliche ›Nächstenliebe‹ die Menschen nicht heillos überfordert?«, frage ich Yvonne. »Irgendwann kam mir die Idee, die Nächstenliebe könnte zum Antisemitismus beigetragen haben.« Yvonne, schon so eingestimmt, guckt weiterhin skeptisch. »Doch, ich habe vor gut zehn Jahren mit dem jüdischen Emigranten und Schriftsteller Hans Sahl in New York darüber gesprochen. Er hat das nicht anders gesehen. In den sechs Monaten, in denen ich ihn immer wieder für meine Interviews besucht habe, wurden wir Freunde und unsere Gespräche von Mal zu Mal intensiver. Er hat in einem Gedicht geschrieben: ›Fragt uns aus, wir sind die Letzten der Überlebenden!‹ Das hab ich dann auch getan. Er war übrigens nicht weniger neugierig als ich; er hat einmal gesagt, er würde jedes Wort von mir begierig aufsaugen. Bevor ich wieder nach Berlin zurück musste, um mein erstes Kind, um Ruben zur Welt zu bringen, hat er mich zu seiner Hochzeitsfeier in seine Wohnung am Central Park eingeladen. Damals war er schon fast blind, über Achtzig und heiratete eine fünfzigjährige Frau aus Tübingen, Ute, mit der er dann nach Deutschland zurückgegangen ist, beinahe ein halbes Jahrhundert, nachdem er emigriert war. Bald darauf ist er gestorben.«

Draußen ist es schon fast dunkel. Nachdem ich Yvonne noch erzähle, dass Ute einige Monate nach Hans Sahl gestorben ist, gucken wir beide schweigend und nachdenklich vor uns hin; ein Engel geht durch den Raum.

Und sitzt wohl später noch neben mir im Auto. Denn ich rase nach Berlin, um vor sieben zu Hause zu sein und mit den Kindern Abendbrot zu essen. Da laufen plötzlich gleich zwei Rehe im Dunkeln über die Straße, und ich bremse gerade noch im letzten Augenblick.

Ruben und Olga sitzen in der Badewanne. Nasse Umarmungen, Küsse, Geschrei und nasse Fußspuren, Klassenarbeiten unterschreiben und Spaghetti mit

Rosetta kochen. Ja, ausnahmsweise sehe ich auch einmal sie. Meistens ist unser System so fein ausgeklügelt, dass sie immer schon bei ihren Italienischschülern ist, wenn ich zurückkomme. Und wenn ich nach Rheinsberg aufbreche, sind die Kinder noch in der Schule, und sie kommt erst am Nachmittag. Wir haben uns selten so wenig gesehen wie jetzt in der Zeit, die sie andauernd in meiner Wohnung ist. Nun trinken wir ein Glas Wein zusammen, und sie erzählt mir die neuesten Geschichten von der Schule, von Freunden der Kinder und den letzten Streitereien der beiden. Ich kann mich vor Rückenschmerzen kaum auf dem Stuhl halten. Nachdem die Kinder im Bett sind, jagt Rosetta mich ins Bett und fährt zu sich nach Hause. »Muss mal nach der Post gucken.«

13. September

Frühstück mit Georg. Er ist nicht kahl geschoren. »Aber – du hast ja doch keine Glatze.« Ich streiche ihm begeistert übers Resthaar. »Kommt noch«, knurrt er. »Warum erzählst du mir Lügengeschichten?« Zuckt nur missmutig mit den Achseln. In einer Woche hat er seine letzten beiden Prüfungen, bei den Filmwissenschaftlern, über Hitchcock und Rohmer. Die Nerven liegen bloß, er wirkt fahrig, springt vom Stuhl auf, hockt sich neben mich, legt seinen Kopf auf meinen Schoß und schaut mich mit silbrigem Blick an wie ein waidwundes Reh. Sein rechtes Lid zuckt. Ich rutsche vom Stuhl, hocke mich neben ihn, und einen Augenblick später liegen wir küssend unterm

Küchentisch. Von einem Moment auf den anderen geht in mir aber ein Licht aus, ich werde nüchtern, sortiere meinen Rock und krabbel unter dem Tisch hervor. »Tut mir leid, Georg. Noch nicht, ich brauch noch Zeit.« Aber, und das finde ich nach meinen Erfahrungen seltsam, er wirkt nicht im geringsten frustriert oder vorwurfsvoll. Wir jagen uns nur ein bisschen durch die Wohnung, außer Atem sind wir und brauchen einen starken Espresso. Während ich die Espressomaschine auf den Herd stelle, fragt er mich nach Rheinsberg, und ich erzähle ihm die Vorgeschichte.

»Schon Monate vorher hatte ich von Überfällen in Rheinsberg und Umgebung gehört, auch gelesen. Auf eine Kreuzberger Schulklasse beim Picknick an einem See in der Nähe von Rheinsberg. Auf einen jungen Türken, den ein Siebzehnjähriger in Rheinsberg mit dem Kopf gegen einen Bus gestoßen hat. Auf eine 11. Klasse der ›Heinrich-Rau-Oberschule‹ aus Rheinsberg, in Binenwalde am See: Da waren immer mehr Skins in immer mehr Autos angerückt, bis das Mehrheitsverhältnis umkippte; Kofferradios wurden zertrampelt und Rucksäcke in den See geworfen. Dann wollten die Skins ein ›Judenfeuer‹ veranstalten. ›Wenn schon keine Juden da sind, dann verbrennen wir wenigstens eure Klamotten‹, sollen sie gerufen haben. Die Decken und Kleider brannten, und dann haben die Skins zugeschlagen.« – »Nett dort, bei euch!« – »Nicht wahr?« Der Kaffee ist fertig, wir trinken ihn.

»Die Geschichten waren in der Zeitung und in Berlin relativ bekannt. Schon im Mai wurde ich deswegen in Berlin, noch vor dem Überfall auf Peter Böthig, von einigen in der Literaturszene angesprochen; ich solle ein Zeichen setzen und die Stadtschreiberstelle nicht antreten. Das sei das einzig wirksame Mittel, damit die Rheinsberger endlich aufwachten. Die würden sich schon umgucken, wenn keiner mehr käme! Ausgerechnet ich sollte damit beginnen. Ich bin ganz schön erschrocken vor so viel moralischem Druck. Mache ich mich schuldig, wenn ich Stadtschreiberin in Rheinsberg werde? Meine politische Verantwortung war gefragt.«

»Politische Verantwortung ... Mein Gott, gehst du mir auf den Wecker!« Georg umarmt mich, ich bin entwaffnet und muss mich beschimpfen lassen. »Dieses politische Moralisieren! Steriles, künstliches Zeug. An meinem Wesen soll die Welt genesen, nicht wahr?« Nun bin ich doch beleidigt, winde mich aus seinen Armen. »Komm, mein Sohn, ich muss los! Soll ich dich bei dir absetzen?« Georg wohnt in der Nähe der Autobahnauffahrt Kaiserdamm.

Ausnahmsweise erinnere ich mich, wo ich geparkt habe.

»Die Situation war also schon im Vorfeld aufgeladen. Die haben gut reden. Haben ihr Ein- und Auskommen und dozieren aus dem Sessel heraus mir, die sich über jeden Hundertmarkschein freut, den sie mit ihrer brotlosen Kunst verdienen kann. Schweigend fern zu bleiben, das war mir zu bequem. Lieber wollte ich offensiv auftreten und das Thema Rechtsradikalismus zum Thema der Eröffnungslesung machen!«

»Wie ich dich kenne, hast du das natürlich auch gemacht.«

»Ja. Es war für den Abend ein Gespräch zwischen dem Herausgeber der neuen Tucholsky-Ausgabe, Michael Hepp, und mir über Tucholsky geplant. Ich habe einen Tag lang ein passendes Tucholsky-Zitat gesucht, bis ich eins fand: ›*Man ist in Europa 22 Mal Ausländer und 1 Mal Inländer. Wer weise ist: 23 Mal.*‹ Hepp und Böthig waren mit dem Motto für die Veranstaltung einverstanden, und wir waren uns sofort einig, wollten ›Flagge‹ gegen die Rechtsradikalen zeigen.« – »Ihr mit eurer Flagge, Altachtundsechziger und Flagge, pfui Teufel!« Ich ignoriere Georg-Schnösel. Schließlich bin ich so alt nun auch wieder nicht, fühle mich also gar nicht angesprochen.

»Peter Böthig habe ich kurz vor Mitternacht, eine halbe Stunde vor dem Überfall, noch gesehen. Wir sind nach der Lesung in eine Kneipe gegangen, Fußballweltmeisterschaft, wir wollten das Spiel Brasilien gegen Niederlande sehen.« – »Das spannendste Spiel der ganzen WM.«, sagt Georg. »Der französische Polizist, der bei der WM in Lens schwer verletzt wurde, kannst du dich erinnern?« – »Ja, Nivel, deutsche Hooligans haben ihn fast totgeprügelt.« – »... Ich glaube, dass diese Geschichte irgendwie die Stimmung, und vielleicht auch meine Stimmung damals, und dass ich das Thema für die Lesung ausgesucht habe, mit beeinflusst hat. Aber bei dem tollen Spiel Brasilien–Niederlande habe ich überhaupt nicht mehr daran gedacht. Ich war ohne Auto in Rheinsberg, und der Mann, der mich mit nach Berlin nehmen wollte, war kein Fußballfan. Ich musste auf das Elfmeterschießen verzichten, und ich erinnere mich noch, dass sich Peter Böthig leicht beschwipst und bester Laune von mir verabschiedet und vor Aufregung über das spannende Spiel eine Zigarette nach der anderen gedreht hat. Die Fußball-Kneipe gefiel mir. Das restliche Kulturvolk der Lesung saß übrigens im feinen ›Seehof‹, eine immer noch linientreue Großnichte von Tucholsky darunter, die mit mir nicht zusammen trinken wollte, weil ich die DDR schlecht gemacht hatte. Mir war's recht, und ich dachte mir, das wird eine schöne Stadtschreiberzeit, ich hab' schon mal angefangen, mich bei den richtigen Leuten unbeliebt zu machen, und hier, mit den Rheinsbergern beim Fußball, bin ich gern.« – »Sieh an, Fußballfan?« – »Echte Hertafröschin. Weißt du, was ich gerade denke, ich nehme dich jetzt einfach mit nach Rheinsberg, was hältst du davon, ich entführe dich.« Er erschrickt sehr gekonnt und macht: »Huch!«, denkt eine Weile nach: »Lieber erst nach der Prüfung.« – »O. k.« Ein langer Kuss. Es wächst und wächst. Ich streiche ihm sanft die Schenkel hinauf und spüre, dass es bei ihm auch wächst. »Wenn du meinst, dass ich bis dahin warten kann … Am nächsten Morgen rief mich Michael Hepp an und sagte, dass Peter Böthig zur Illustration unserer Lesung in der Nacht zusammengeschlagen worden ist. Ich habe ihn zuerst falsch verstanden und fragte nach: ›Als Reaktion auf die Lesung?‹ – ›Nein, das sicher noch nicht.‹ Aber mir ist sofort, im ersten Moment, nichts logischer erschienen als das. Die Plakate mit dem Motto der Lesung haben überall in der Stadt gehangen, Peter Böthig ist in Rheinsberg bekannt wie ein bunter Hund, das konnte kein Zufall sein! Ich glaube, das war der Anfang meiner Paranoia. Jedenfalls bin ich von diesem Augenblick an den Gedanken nicht mehr losgeworden, dass der Überfall im Zusammenhang mit der Lesung gestanden haben muss. Ich fragte Hepp, wie es Böthig ginge. Er sei im Krankenhaus, Gehirnerschütterung, im Gesicht verletzt, zum Glück nicht mehr. Und dann stellte sich bei mir ein schlechtes Gewissen ein, weil ich ihn möglicherweise in diese gefährliche Situation gebracht hatte, mit dem Thema der Lesung. Aber nein, ich finde, das geht zu weit!«

»Doch, natürlich bist du an allem Schuld, wer sonst?« Georg kriegt einen Hieb auf den Oberschenkel, dann wieder einen Kuss. »Was ist denn nun eigentlich passiert?« – »Peter Böthig ist nach Mitternacht allein von der Kneipe weggegangen, über den Triangelplatz am Schloss vorbei. Plötzlich sind acht betrunkene Jugendliche auf ihn zugerannt, über den leeren Platz die 25, 30 Meter. Einer von ihnen hat sofort auf Böthig eingeschlagen und ihm mit seinen Turnschuhen ins Gesicht getreten. Die anderen hielten den zum Glück zurück und riefen: ›Hau ab, sonst macht er dich alle!‹ Böthig schleppte sich, im Gesicht blutend, bis zum ›Seehof‹, überall sonst war es schon dunkel. Dort sah man ihn offenbar nicht gern, blutig, wie er war, in der feinen Gesellschaft der Kammeroper-Gäste. Also blieb er lieber draußen. In diesem Moment kam der stellvertretende Bürgermeister von Rheinsberg aus Berlin zurück. Der war just an diesem Abend zusammen mit einigen Rheinsberger Schülern und der Direktorin der ›Heinrich-Rau-Gesamtschule‹ bei einer Diskussionsveranstaltung über Rechtsradikalismus gewesen, fürs Fernsehen. Thema waren die jüngsten Überfälle auf Berliner Schulklassen und Touristen, und ob

Brandenburg wirklich zu unsicher für Klassenfahrten sei.«

»Ich hab's gesehen«, sagt Georg, »auf B 1, die Talkshow heißt ›Berliner Platz‹.« – »Aha. Der stellvertretende Bürgermeister wollte wohl noch einen Wein trinken, sah den verletzten Böthig und rief Krankenwagen und Polizei.«

Georg gähnt neben mir. »Scheint dich ja nicht sehr zu interessieren.« – »Doch, doch, sehr aufregend, dein Krimi.« Und gähnt schon wieder. »Ich bin gleich fertig. Die acht Jugendlichen sind inzwischen seelenruhig auf dem Platz bei ihren Flaschen geblieben, sie hatten schon 10 Uhr morgens mit dem Saufen angefangen, und haben gleich die nächsten Passanten angefallen: einen Vater mit seinem Sohn. Sie haben dem Alten die Brille vom Gesicht gerissen und ›Kanacken‹ gebrüllt.« – »Wer fragt da noch, ob das Ausländerfeinde waren?« – »Wem sagst du das? Vater und Sohn konnten sich immerhin wehren und weglaufen.« – »Sie waren ja auch zu zweit.«

»Der Schläger, der Mirco, wurde sofort verhaftet. Wurde in einem Schnellverfahren zu acht Wochen Jugendstrafe verurteilt. Motive für die Tat spielten bei der Verhandlung allerdings keine Rolle. So weit die Fakten, wahrscheinlich erfahre ich morgen mehr, ich bin mit Böthig zum Mittagessen verabredet.«

Abschiedskuss; auf die Autobahn.

14. September

Wache auf von einem Traum: In meiner Küche sitzt ein Mann im Schlafanzug. Bin erschrocken, entsetzt: der soll verschwinden, er hat hier nichts zu suchen. Ich sehe ihn zunächst nur von hinten. Wer ist es? Diesen Schlafanzug kenne ich doch? Ist es Thomas? Oder Hannes? Erst als ich näher an den Mann herantrete, sehe ich, es ist Georg. Meine Stimmung hellt auf. Wünsche mir, er würde noch ein bisschen bleiben. Aber wie kommt Georg in diesen Schlafanzug? Es ist nicht seiner.

Bin um eins mit Peter Böthig verabredet. Möchte von ihm hören, wie er den Überfall erlebt hat. Er sitzt mir beim Mittagessen in einem Imbiss in der Nähe vom Triangelplatz gegenüber. Ich staune, wie er seine Spiegeleier mit Bratkartoffeln verschlingt: ein nervöser, fast würde ich sagen, hektischer Geselle, in meinem Alter, schmal, groß, schon etwas zerfurcht. Es sollte mich nicht wundern, wenn er Probleme mit dem Magen hat. Eine Mischung aus Arbeitstier mit protestantischer Ethik, Intellektuellem und Freak vom Prenzlauer Berg, Kulturfunktionär und Familienvater. Nicht gerade der geselligste Mensch, ich werde nicht recht warm mit ihm. Dennoch ist er mir sympathisch. Seit der Anzeige gegen Mirco fürchtet er Racheakte. »Obwohl die Statistik sagt, hat mich die Polizei beruhigt, dass Zeugen der Anklage nicht wieder angegriffen würden. Ich bezweifel, ob ich das glauben soll.«

Mir will gar nicht einleuchten, dass man nach einer

Anzeige Angst haben muss. Wie viel nehmen wir eigentlich hin?

»Ich fühle mich seit dem nicht mehr wohl in Rheinsberg.«

So hat es mir auch Rajvinder Singh während seiner Stadtschreiberzeit beschrieben, der anfangs sehr gern in Rheinsberg war und nach den ersten Vorfällen von rechten Pöbeleien Angst bekam.

»Ich bewege mich nachts und morgens nur noch mit dem Auto durch die Stadt. Die nächtliche Stille ist mir jetzt unheimlich, die schöne Stille, das Schloss, der See, das Fröschequaken, die Spaziergänge, die Wege zur und von der Arbeit, diese Zeiten allein in Rheinsberg, die ich immer so geliebt habe, all das, was es in Berlin nicht gibt. Ist jetzt unheimlich geworden. Ich ziehe auch aus meiner Wohnung in der Nähe vom ›Haus der Begegnungen‹ zu einem Restaurator vom Schloss, in ein Nachbardorf. Das ist zwar eh geplant gewesen, weil die Wohnung Ofenheizung hat und ich mich schon vorher zu einsam da gefühlt habe. Jetzt ist's aber dringlicher geworden. Es ist mir dort nicht mehr geheuer, unter mir wohnt ein Suffke, und ich bin schon verunsichert, wenn Schritte auf der Treppe knarren. Das Urvertrauen ist weg, von dem man, solange man es hat, gar nicht weiß, dass man es hat.«

Es beschäftigt ihn, dass er sich nicht hatte wehren können. Wenn ihm so etwas noch einmal passierte, würde er sich anders verhalten. Ich frage, ob das unbedingt besser wäre bei acht gegen einen. Er: »Für das Selbstwertgefühl auf jeden Fall. Ich habe mich hinterher auch deshalb so elendig gefühlt, weil ich nicht zurückgeschlagen habe. Aber es ging so schnell, ich hab' nur noch Sterne gesehen.« Hätte er danach eine Knarre gehabt, wäre er auf die Gruppe losgegangen. Ausräuchern, das sei sein erster Impuls im Nachhinein gewesen. Jetzt wüsste er, wie sich Frauen fühlen müssen, die in der Ehe geschlagen werden. Wie nachhaltig das verunsichert. Wie deren Selbstbewusstsein kaputtgeht. (Und der Kinder, denke ich bei mir.) So stelle er sich das vor. Und das habe er sich bisher nicht vorstellen können.

Trotz Verständnis für meine Angst, besteht er auf einer öffentlichen Präsenz der Stadtschreiberin. »Ich kriege Rechtfertigungsprobleme mit den Kreispolitikern, wenn du dich nicht zeigst. Wenn du Angst hast, musst du eben zurücktreten!«

Ich sage: »Die Stadt trägt die Verantwortung, warum sorgt sie nicht für Sicherheit, warum spielt sie das Thema herunter? Das verstärkt meine Angst. Warum wird das Problem auf den Stadtschreiber abgewälzt? Soll man ihn demnächst danach aussuchen, ob man ihm das zumuten kann? Keine Ausländer, keine Juden, keine labilen Frauen?« Erfahre nebenbei, dass ich mit meiner Vermutung gar nicht so falsch liege: Kranke Autoren, die sich regelmäßig ärztlich betreuen lassen müssen, und Autorinnen, die gleichzeitig allein erziehende Frauen sind, kommen für die Stadtschreiberstelle nicht infrage. Herrje, dann hat man also nicht gewusst, dass ich allein erziehende Mutter bin? Eigentlich bin ich sowieso nicht geeignet? In der Präambel nicht vorgesehen? Nun schafft es aber manch allein erziehende Mutter besser, ihr Leben in Berlin ohne ihre Anwesenheit zu organisieren als so mancher Junggeselle, der sich fast gar nicht als

Stadtschreiber in Rheinsberg blicken lässt, weil er es vorzieht, in den Prenzlauer-Berg-Kneipen zu sitzen.

Ich sage dazu nichts, frage, ob die Jugendlichen ihn, Peter Böthig, kennen. »Das ist anzunehmen«, sagt er, »ich bin ja so etwas wie eine öffentliche Person.« – »Dann ist ein Zusammenhang mit der Lesung nicht ausgeschlossen?« – »Halte ich eher für unwahrscheinlich, aber beweisen kann man es natürlich nicht.« – »Warum hat man eigentlich bei der Verhandlung nicht nach den Motiven gefragt?« – »Ja, stimmt, danach ist nicht gefragt worden. War halt ein Schnellverfahren, die Motive haben keine Rolle gespielt, auch rechtsradikale Motive nicht. Mirco war besoffen, hat sich angeblich an nichts erinnern können – das war's. Bis sie von Rechtsradikalen sprechen, muss mehr auf der Hand liegen. Ich kann mir übrigens auch nicht vorstellen, dass irgendein Gedanke dahinter steckt!«

Rufe Georg nach dem Treffen mit Böthig von der Stadtschreiberwohnung aus an. Bombardiere den Armen mit Fragen: War wirklich Böthig gemeint? War er als Leiter der Tucholsky-Gedenkstätte gemeint? War überhaupt jemand gemeint? Wurde er tatsächlich mit dem Galeristen F. verwechselt? Und wenn ja, warum dann der Galerist? Ist Mirco zu blöd für eine rechte Gesinnung oder gerade blöd genug dafür? Suff oder rechte Gesinnung? Oder beides? Überhaupt irgendein Sinn? Zufall? Egal. »Zu doof oder nicht zu doof«, sagt Georg, »sie brauchen nur in ein Gesicht zu sehen, und sie wissen, dass der oder die anders denkt.«

Und was lehrt uns das? Die Antwort ist einfach: Es kann jeden treffen. Vorfälle, in denen Jugendliche einfach zuschlagen, um Spaß zu haben, sind Alltag. Gewalt ist geil.

Georg will mir einreden, ich müsste das akzeptieren; es gibt eben Gewalt in der Welt. Ja, ja, ich nicke eifrig vor mich hin und kann es doch nicht. Ich kann es nicht. Später vielleicht, jetzt nicht. Ich kann es nicht akzeptieren, und diese Gewalt schon gar nicht. »Georg, arbeitest du auch schön für die Prüfung?« Verschweige meine Sehnsucht, und doch hört er sie an meiner Stimme. Nennt mich Inka-Kind.

Ich gehe mit meinen Papieren ins Café. Wie durch Glas betrachte ich die Stadt. Rheinsberg, im Moment für mich die wichtigste Kleinstadt der Welt. Lautlos, unwirklich, sie könnte sich auch im nächsten Augenblick in Nichts auflösen.

Peter Böthig wurde also grundlos überfallen. Immer wieder taucht dieses Wort »grundlos« auf, zum Beispiel im Bulletin der rechten Gewalttaten, das das »Zentrum für Demokratische Kultur« in Berlin vierteljährlich herausgibt. In diesem Bulletin lese ich im Café, und da steht, dass immer mehr Menschen zusammengeschlagen werden, weil Rechte unterwegs sind auf Ausländerjagd und dann keine finden und sich irgendjemanden greifen. Musste vielleicht auch in dieser Nacht auf der Suche nach jemandem zum »Klatschen« irgendjemand »dran glauben«? Völlig willkürlich werden Passanten beim Abendspaziergang bewusstlos geschlagen, wie es einem Ehepaar in Frankfurt (Oder) im Januar dieses Jahres geschah.

Auch da die Begründung: Man war eigentlich auf der Suche nach Ausländern; und als man keine fand, habe man sich die erstbesten Leute gegriffen. Oder in Eberswalde am 12. März dieses Jahres: Passanten wurden mit Faustschlägen und Fußtritten misshandelt, weil sie sich weigerten, den Hitler-Gruß zu zeigen. Auch Behinderte werden immer wieder zur Zielscheibe rechter Gewalt.

Und vermehrt »deutsche Männer«, die nach »Zecken« aussehen. Sie jagen Linke genauso wie Ausländer. Seit einigen Jahren gibt es eine aktive »AntiAntifa-Organisation« von Neonazis, eine bundesweite Kampagne der »Feindaufklärung«, die Hatz auf Nazigegner macht. Listen dieser »Anti-Antifa-Gruppen« tauchen auf mit Namen von politischen Gegnern, die ausgespäht und weiter beobachtet werden sollen. Damit erhöht sich die Gefahr rechtsextremer Anschläge auf missliebige Personen, meist Linke. In diesem Zusammenhang steht zum Beispiel auch der Anschlag auf den Berliner Buchhändler Klaus Baltruschat, der im Februar 1997 von einem Neonazi zum Krüppel geschossen wurde; kurze Zeit später ermordete der gleiche Neonazi in Schleswig-Holstein einen Polizisten.

Der Ostberliner Autor P. B. ruft am Abend an; er ist mit Peter Böthig befreundet. Die Jugendlichen hätten lieber einen der Wessis in Rheinsberg verprügeln sollen. Aha. Und, wenn er, P. B., dabei gewesen wäre, wäre das sicher nicht passiert. Aha. Frauen überfielen sie übrigens sowieso nicht. Aha.

15. September

Von außen bekomme ich also ein Thema aufgezwungen, mit dem ich mich eigentlich nicht beschäftigen mag. Es ist mir zutiefst unangenehm, es ist mir zuwider, und es macht mir Angst. Was soll deine Angst? »Stell dich nicht so an! Du bist nicht aus Zucker!«: Böser Volksmund. Nicht aus Zucker, hart muss man sein. Dann lieber Zucker: zerbrechen oder zerbröseln oder sich auflösen in Alkohol und Tränen. Mein Gott, ja, dann bin ich eben aus Zucker! Ich verschanze mich in meiner Kemenate, höre Musik. Die Realität kann mir gestohlen bleiben.

Kann sie? Ich liege ausgestreckt auf dem Stadtschreiberbett, der Rücken tut weh. Und Georg, was macht er? »Hallo, Georg-Baby! Was machst du?« – »Wart mal, ich stell den Fernseher leiser.« Er ist weit und breit der einzige, der viel fernsieht, sogar am Morgen. Er erzählt mir von einer ORB-Sendung, in der vom Gruppendruck innerhalb der rechten Jugendszene berichtet wird und wie roh die Jugendlichen auch schon gegeneinander vorgehen: In Templin wollte ein Fünfzehnjähriger aussteigen aus einer Gang rechter Jugendlicher. Er wurde daraufhin von seinen »Kumpels« mit glühenden Eisenstangen gequält, dann ins Wasser geschmissen, »zur Abkühlung«, immer wieder untergetaucht und fast getötet, wenn nicht ein Außenstehender eingegriffen hätte. In der Sendung wurde einer der Jugendlichen gefragt, warum sie das mit dem Wasser gemacht hätten. Der antwortete: »Er hat wohl Durst gehabt.« Und lachte. Georg und ich schweigen uns eine Weile an.

Selten wird von den Opfern gesprochen, wenn ich es mir überlege, eigentlich nie. Den Opfern solcher Misshandlungen, Überfällen mit Baseballschlägern und Springerstiefeln, brutalen Hetzjagden. Auf allen Kanälen, in sämtlichen Medien macht sich die Nation Gedanken, warum Jugendliche rechtsradikal werden, warum sie Wehrlose anfallen, schwer verletzen, töten. Wer spricht von den Opfern? Die Geschichte des 15-Jährigen in Templin ist, nennen wir die Sache beim Namen, eine Foltergeschichte und nichts anderes. Aber wie lebt ein Mensch, wie lebt der Junge danach weiter?

Ich gehe in die Bibliothek und bitte Yvonne, mir ein Buch zu leihen, Jean Amérys *»Jenseits von Schuld und Sühne«*. Ich habe es vor vielen Jahren gelesen, es ist für mich eines der wichtigsten Bücher geblieben. Améry schreibt über die eigenen Foltererfahrungen unter den Nazis. Es ist immer vermessen, Vergleiche zum Schicksal von Naziopfern zu ziehen. Aber alle Folteropfer, sagt Améry, für alle jemals einem Folterer Ausgelieferten, und deshalb ist das Buch jetzt für mich so wichtig, haben das gleiche Schicksal: das Vertrauen in die Welt geht verloren. *»Wer der Folter erlag, kann nicht mehr heimisch werden in der Welt.«* Für wehrlose Kinder und Ehefrauen gilt das, für jeden der Tortur durch eine Übermacht Ausgesetzten. Auch für Vergewaltigungsopfer, er betont das ausdrücklich, denn: *»Die Hautoberfläche schließt mich ab gegen die fremde Welt: auf ihr darf ich, wenn ich Vertrauen haben soll, nur zu spüren bekommen, was ich will.«* Dies trifft schon für den ersten Schlag zu. Solange wir aber die Aussicht haben, uns zu wehren, zurückzuschlagen, werden wir, so sieht es Améry, höchstwahrscheinlich auch eine Chance haben, die Grenzverletzung in unserer Seele wieder begradigen zu können. Ohne Aussicht auf erfolgreiche Gegenwehr aber und ohne äußere Hilfe, ohne Beistand, und damit sind genau die Bedingungen benannt, unter denen in Deutschland Menschen meist rechtsradikalen Horden ausgeliefert sind, wird die körperliche Überwältigung zum Vernichtungsvollzug und damit *»endigt ein Teil unseres Lebens und ist niemals wieder zu erwecken«*. In der Tiefe der Seele bleibt das Trauma bestehen. *»Dass der Mitmensch als Gegenmensch erfahren wurde, bleibt als gestauter Schrecken im Gefolterten liegen: Darüber blickt keiner hinaus in eine Welt, in der das Prinzip Hoffnung herrscht. Der gemartert wurde, ist waffenlos der Angst ausgeliefert.«* Durch Übergriffe auf Körper und Seele, vor denen die Gesellschaft nicht schützt, wird das Außen zur Bedrohung schlechthin. Heimatlosigkeit ist die Folge. Es ist keine Auszeichnung, ein Ausländer, keine Garantie, ein besserer Mensch zu sein. Doch die Gewalt gegen Ausländer, und das wird mir plötzlich klar, verschärft deren Schicksal im Besonderen, denn sie macht den Heimatlosen noch heimatloser. Damit wird Integration bis zur Unmöglichkeit erschwert und Ausländerfeindlichkeit zum endlosen, fatalen Prozess. Wie wir wissen, radikalisieren und militarisieren sich ausländische Jugendgangs. Die Heimatlosigkeit von Ausländern in Deutschland reproduziert aber auch die Schwierigkeiten, die die Deutschen mit dem Begriff »Heimat« in ihrem Land haben, bewusst oder auch unbewusst – eine unheimelige, gewaltgeladene gesellschaftliche Atmosphäre, die in letzter Konsequenz nur selbstzerstörerisch auf das gesamte Innenleben einer Gesellschaft wirken kann. Denn tut man nicht das, was man anderen antut, auch sich selbst an? Heimat wird zu Feindesland, und nicht nur für die hier lebenden Ausländer.

»*Das echte Heimweh war nicht Selbstmitleid*«, schreibt Améry, »*sondern Selbstzerstörung. Es bestand in der stückweisen Demontierung unserer Vergangenheit, was nicht abgehen konnte ohne Selbstverachtung und Hass gegen das verlorene Ich. (...) Der mit Selbsthaß gekoppelte Heimathass tat wehe, und der Schmerz steigerte sich aufs unerträglichste, wenn mitten in der angestrengten Arbeit der Selbstvernichtung dann und wann auch das traditionelle Heimweh aufwallte und Platz verlangte. Was zu hassen unser dringender Wunsch und unsere soziale Pflicht war, stand plötzlich vor uns und wollte ersehnt werden: ein ganz unmöglicher, neurotischer Zustand, gegen den kein psychoanalytisches Kraut gewachsen ist. Therapie hätte nur die geschichtliche Praxis sein können, ich meine: die deutsche Revolution und mit ihr das kraftvoll sich ausdrückende Verlangen der Heimat nach einer Wiederkehr. Aber die Revolution fand nicht statt (...)*«

Wie eine Tigerin, das Buch in der Hand, laufe ich in meinem kleinen Stadtschreiberkäfig umher. Mich treibt es hinaus. Ich muss noch einmal nach Flecken-Zechlin in die Jugendbildungsstätte und will am Abend von dort nach Berlin fahren. Ein kurzer Anruf zu Hause. Die hellen Kinderstimmen tun mir weh, schnüren mir die Kehle zu. Ruben hört es: »Mama, geht es dir gut?« – »Ich freu mich auf euch«, sage ich mit erstickter Stimme. Wenn ich sie nicht hätte! Zögere, ob ich noch einmal Georg anrufen soll. Nein, möchte nicht in diesem aufgelösten Zustand mit ihm sprechen. Ich lasse den Améry wie einen Schrei auf dem Bett zurück.

Was rege ich mich eigentlich über die vielen Verkehrsunfälle auf, wenn ich jetzt selbst die schön geschwungene, weichhügelige Allee entlangrase? Das Améry-Buch rumort in mir weiter. Ich sehe kaum die Straße.

Welche Chance hatten die Deutschen, mit der friedlichen Revolution ein neues, selbstverständliches nationales Selbstbewusstsein zu erringen? Aber es ist bisher ausgeblieben. Nicht nur wegen der Unzufriedenheit der meisten Ostdeutschen, auch der Rassismus in den neuen Bundesländern und die engherzigen Ressentiments sowohl in Ost als auch in West sprechen dagegen. Ob die Vergangenheit, unsere Geschichte und der Nationalsozialismus nicht immer noch stärker wirken als die glückliche und friedliche Grenzüberwindung von 1989? Vielleicht ist auch nicht mehr möglich als ein Relativieren des Selbsthasses in kleinen Schritten. Die Wiedervereinigung ist den Ostdeutschen patriarchalisch vorgeschrieben worden. Immer wieder wird dieser Fehler beschworen. Dadurch hätten sich die in der DDR gewohnten Zuschiebungen von Verantwortung auf andere im Nachhinein noch verstärkt. Aber wie sonst? Es gibt kein Machtvakuum.

Die anmutige Strecke nach Flecken-Zechlin bringt

mich jetzt doch auf andere Gedanken. Am Weg liegen links ein romantischer See und der kleine Ort Binenwalde. Hier hat früher die Förstertochter Sabine gelebt. Der junge Fritz hatte in der Zeit, die er in Rheinsberg weilte, von der er später sagte, es sei die schönste Zeit seines Lebens gewesen, ein Verhältnis mit ihr. Nach dieser Förstertochter hat sich das Nest später Binenwalde genannt.

Halte an, gehe zum See, hocke mich vor die herangleitenden Schwäne, vier noch graue Junge und die Mutter, laufe zehn Minuten, hole tief Luft.

In der Jugendbildungsstätte schlägt R. K. vor, in die einzige Kneipe im Ort zu gehen und dort etwas zu trinken. Ein freundlicher Zivi, er kommt aus Senftenberg, begleitet uns. Erzählt von den Putzfrauen im Heim; sie reagierten unterschwellig feindselig auf ausländische Seminarteilnehmer. R. K. zeigt auf das Haus neben der Jugendbildungsstätte: »Dort hat ein Junge die Reichskriegsflagge in seinem Zimmer aufgehängt. Der Leiter wird die Polizei rufen. Er zeigt überall Flagge, seine. Ohne Kompromiss; bewirkt damit, dass Positionen klar werden. Dafür oder Dagegen. Manche sagen schon mal hinter vorgehaltener Hand: ›Das find' ich gut.‹ Andere: ›Seit der da ist, gibt's nur Stunk.‹« R. K. fällt auf dem Weg zur Kneipe noch mehr ein: »Da ist ein etwas dunkler Junge in der Schule von Flecken, der wurde gefragt, ob er Araber sei. Nein, er ist Deutscher. Ein Jugendlicher aus dem Ort macht eine Lehre in Flensburg. Auch das gibt es. Er arbeitet mit Türken zusammen, mit denen er sich recht gut versteht. Seine Freundin war dabei, als er sich neulich darüber beschwerte, wie die mit ihren Frauen umgingen. Und der ganze Islam, damit sollten die mal bei sich zu Hause bleiben. Die Freundin fragte daraufhin spitz, seit wann es ihn denn interessiere, wie es den Frauen gehe. Ich hoffe auf emanzipierte Mädchen, wegen der besseren Stellung der Frauen im Osten«, fügt R. K. hinzu. »Mach dir nicht zu viele Hoffnungen!«, erwidere ich. »Die Frauen haben zwar gearbeitet, zu Hause haben aber trotzdem die Ostmachos regiert.« Ja, er räumt ein, dass die Mädchen in den Seminaren sich nicht sehr in den Vordergrund drängten und sich auch leicht über den Tisch ziehen lassen würden. Im Grunde findet er die Leute hier aber ausgesprochen freundlich. »Du bist ja auch ein deutscher Mann«, sage ich und ziehe ein kleines NPD-Plakat von einem großen der CDU, berichte von der Frau, die durchs Land reist und Nazischmierereien und Aufkleber beseitigt. Ich sei es übrigens nicht. Auch den fremdenfeindlichen Mannen sind Fremdwörter nicht fremd: Auf dem NPD-Plakat wird ausgerechnet zu »Zivilcourage« gegen Ausländer aufgerufen.

Nur ein Glas Wein mit den beiden, mehr Zeit ist nicht, dann über Neuruppin auf die Autobahn. Ich erinnere mich, wie ich mit sieben, acht Jahren heimlich, sehr aufgeregt und mit der ganzen Lust am Verbotenen ein Hakenkreuz in den Sand eines Sportplatzes malte, als ich gerade kurz vorher in der Schule gelernt hatte, dass das streng verboten sei. Meine ganze Kindheit über war ich fest davon überzeugt, dass allein die DDR den Antifaschismus gepachtet hatte. Im Westen, da saßen die alten Nazis an den Schaltstellen der Macht. Und wie war ich entsetzt, als ich gleich nach der Flucht an den Kiosken in Westberlin Nazizeitungen entdeckte.

Die Kinder liegen in meinen Armen – oder ich in ihren? Mache ihre Lieblings-Nudeln: mit Sahne, Erbsen und Schinken. »Habt ihr an die Hausarbeiten gedacht?« Olga hat in der Schule ihr Italienischbuch vergessen, konnte deshalb einen Übungstext nicht schreiben. Hat dafür mit Rosetta einen italienischen Text improvisiert. Seit der ersten Klasse wird meine Tochter an einer Europaschule für Italienisch zweisprachig unterrichtet.

Bin schon im Bett, als ein Fax von Georg aus dem Gerät knattert: eine Einladung zu seinem Geburtstagsfest am Wahlsonntag. Er wünscht der Familie eine gute Nacht.

16. September

Tina wohnt mit ihren beiden Kindern unter mir, beide etwas älter als Ruben und Olga, auch sie ist allein erziehende Mutter. Wir haben uns vor zehn Jahren in Paris kennen gelernt und sind beide nach der Wende zurück nach Berlin gekommen. Hätten wir besser in Paris bleiben sollen? Ich treffe sie heute Morgen im Treppenhaus. Sie fragt nach Rheinsberg. »Überall in Brandenburg plakatieren DVU und NPD, Wahlplakate der anderen Parteien überkleben und zerstören sie.« – »Auch auf Usedom, da waren wir letztes Wochenende«, erzählt Tina. »Der Bürgermeister von

Wustrow hat Strafantrag gegen Zerstörer von Wahlplakaten gestellt. Seinen Sohn haben sie prompt verprügelt.« So etwas vergällt mir die schönsten Orte. Tina hatte vor, mit ihrer Tochter und deren bester Freundin auf Usedom Rad zu fahren. Die zehnjährige Freundin ist schokoladenbraun und wurde auch gleich als »Negerin« angepöbelt. Die Mädchen wollten sofort abreisen. Tina aber hat auf der Radtour bestanden, die die beiden trotzig schweigend über sich ergehen ließen. Es ist wirklich eine schwierige Frage, wie schnell man das Feld räumt, was man wagt, wann man lieber klein beigibt. Und wo man hinfährt.

Ich rufe Georg an, sage zu, an seinem Geburtstag zu kommen. »Würde gern die Kinder mitbringen.« – »Ja, sicher.« Übermorgen hat er seine letzte Prüfung. Er muss dafür mit dem Zug zu seinem Professor nach Kiel fahren. Er fragt vorsichtig: »Trinken wir einen Kaffee zusammen?« – »Wann?« – »Heute?« In meinem Kopf rattert Organisatorisches vom Tage. »Eine Stunde hab' ich Zeit, bevor die Kinder nach Hause kommen. Um zwei, im Café Arsenal?«

Das Café hat seinen Namen vom Kino »Arsenal« um die Ecke, in dem ich schon vor zwanzig Jahren als Studentin spät nachts Filmklassiker gesehen habe. Auch wegen des Kinos liebe ich die Gegend. Im Café hängen an der Wand dutzende Schwarzweißfotos alter Filme. Fühle mich hier in guter Gesellschaft, unter Aufnahmen von Sophia Loren und Marlene Dietrich. Das Café brummt. Der Besitzer ist vor über zwanzig Jahren, mit Achtzehn, aus dem Iran weggegangen, hat in Berlin die erste Zeit als Tellerwäscher und Model gearbeitet, und er ist, und das hat Seltenheitswert in der Straße, nicht schwul. Er sorgt dafür, dass seine Gäste in Ruhe gelassen werden; auch von den Asylanten der Straße, er verscheucht sie. »Bei mir wird nicht geklaut.«

Seit kurzem wohnt eine junge afrikanische Familie hier in der Nähe. Hohe, schöne Gestalten, sie rothaarig, wohl gefärbt, er trägt immer ein Käppi; vielleicht sind sie äthiopische Juden. Stets gucken sie ernst und würdig, und sie haben das süßeste schwarze Baby. Heute sitzt der Vater mit dem Baby im Café; ich grüße lächelnd, er aber verzieht nicht ein bisschen das Gesicht. Noch bevor ich meinen Milchkaffee bestellen kann, kommt Georg zur Tür herein. Marina Zwetajewa hat geschrieben, sie wollte in ihrem Leben immer nur, dass man sich freut, wenn sie zur Tür hereinkommt. Ich lebe nach ihm und habe ihn mir erweitert: Frage mich, ob ich mich freue, wenn jemand zur Tür hereinkommt. So einfach ist das. Ich freue mich, Georg zu sehen. Leise setzt er sich mir gegenüber. Er ist ein leiser Mann: geht leise, spricht leise, bewegt sich sacht. Er tut dies bewusst. Er kann sich sehr ereifern, leise, über grobmotorische Menschen. Unruhiger Clown. Redet wie um sein Leben. Albert, springt, und unter all dem Gelächter das Ungesagte, ein dunkles Schweigen. Mann, was sagst du alles nicht, wenn du so viel redest? Trauriger Clown.

Am Abend gehe ich mit meinen Kindern zum koreanischen Imbiss in der Nähe vom Ludwigkirchplatz. Es hat den Tag über geregnet, jetzt aber bricht die Sonne durch, und wir können draußen sitzen. An den beiden

Straßenbäumen vor uns wieder die NPD-Parolen. »Was wollen die Glatzen eigentlich?«, fragt mein Sohn. »Sie hängen Hitler nach und wollen, dass die Ausländer verschwinden«, murmel ich mit vollem Mund. Eine Weile Schweigen. Dann ein Aufschrei von Olga. »Keine Celeste?« Celeste ist ein italienisches Mädchen in ihrer Klasse. Sie zählt nacheinander die Namen der italienischen Freunde auf, die ihr gerade einfallen. »Kein Roberto, keine Gianna, keine Gioia, keine Simona keine Maestra Rosanna?« Das ist die italienische Lehrerin. Jetzt schreit mein Sohn: »Und kein Gar Hang?« Es klingt wie ein wildes Geheul. Gar Hang ist Rubens Freund, ein Chinese. Durch die Freundschaft der beiden lernt er ein bisschen Chinesisch, um mit seiner Schwester mithalten zu können, malt chinesische Rollbilder, schreibt Haikus und möchte Kung-Fu-Kämpfer werden. »Und keine Rosetta?« Rosetta aus Calabrien, die Woche für Woche, wenn ich in Rheinsberg bin, mit ihnen in der Wohnung ist und den Laden an meiner Stelle schmeißt. »Und keine Eva?« Eva putzt seit Olgas Geburt bei uns, kommt aus Polen und ist über die acht Jahre für uns ein Mitglied der Familie geworden. Noch mehr Namen fliegen mir um die Ohren. Ich nicke zu jedem.

Und staune. Die Kinder merken schon, wie absurd dieses »Ausländer raus!« ist.

17. September

Gegen Abend klare Konturen, Vogelzwitschern, beinahe scharfes Licht. Nach der Kälteperiode, es hat eine Woche lang fast nur geregnet, ein Spätsommerschimmer.

Rheinsberg empfängt mich vornehm verschlafen mit hochgeklappten Bürgersteigen; kein Mensch außer mir auf den Straßen.

Ich bin später mit Karolin, die in der Galerie neben meiner Wohnung arbeitet, ihrem Freund Helmuth und ihrem Bruder, der aus Bayern zu Besuch ist, zum Recherchieren in der Jugendszene verabredet. Besser nicht allein. Sie klingeln, ich werfe die Tür zu und merke zu spät, dass ich den Schlüssel vergessen habe. Da ist wieder die Anspannung! Wir holen mit Hilfe der freundlichen Schlosswärter den Ersatzschlüssel aus der Tucholsky-Gedenkstätte, aber das nützt nichts, weil mein Schlüssel innen steckt. Stehen an den hohen Fenstern, überlegen, ob wir eins einschlagen sollen, sie sind sehr groß, oder ob der Schlüsseldienst nicht billiger käme. Nun entdeckt aber Karolins Bruder, dass die äußeren Fenster oben offen stehen und die unteren innen, so dass er sich behend nach oben schwingt und von dort das untere Fenster öffnet. Er hängt mit dem Kopf nach unten, klettert hinein und schließt uns auf.

Im »Club 30« sitzen wir später stundenlang im verrauchten Dämmerlicht; hier sollen sich die Rechten treffen. Mir fällt nichts auf. Das Übliche, Gruppen von Mädchen und Jungen, für sich, weit voneinander entfernt, mit neugierigen Blicken hin und her. Helmuth erzählt, es sei tatsächlich wenig los in der Stadt; früher, zu DDR-Zeiten, hätt's Frauen-Schlammcatchen gegeben, das hätte den Leuten gefallen. Vorübergehend florierte nach dem Fall der Mauer ein Bordell, das dann aber von der Polizei geschlossen wurde. An der Wand hinter uns sei bis kurz nach der Wende ein farbkräftiges Wandgemälde gewesen, eine Darstellung des Rheinsberger Kernkraftwerks mit sozialistischen Arbeitern. Ihm, dem Wessi, habe das Wandbild gefallen, er fände es schade, dass es übermalt wurde. Ja, so ist das, wer mit sozialistischem Realismus nicht groß geworden ist, kann ihm vielleicht irgendeinen exotischen Reiz abgewinnen. Und vielleicht sollte man tatsächlich nicht alles übermalen. Mir aber hätte das Wandbild auch nicht geholfen. Eine Trostlosigkeit in diesem Club, aus allen Ritzen dringt der DDR-Mief. Das Kernkraftwerk soll übrigens für viel Geld bis auf den Rasen »rückgebaut« werden. Ob es nicht besser und billiger sei, es umzubauen, anders zu nutzen? »Rückbauen« – seltsame Wörter entstehen!

Und dann gehe ich hinaus, und dann ist da ein Schloss in der Nacht, von unten angestrahlt, leichter Nebel über dem Wasser im Schlossgraben – und das Schloss noch einmal verkehrt herum, glasklar gespiegelt, leuchtend im Licht wie oben das Original und keine Bewegung; fast wundert es mich, dass auch das feste Bauwerk nicht zittert, schwappt, schwankt; auch die Luft um mich steht still, nur ich schwanke leicht beschwipst, und so stehe ich, und für einige Sekunden steht die Zeit still. Stille. Was für ein Zauber! Bis ich

Schritte auf dem Weg höre; eine Frau – sie hat ein Recht, hier zu gehen. Sie ruft mir, die ich abseits unten am Wasser stehe, zu: »Schön, nicht wahr?« Ja, und der Zauber ist fort.

18. September

Wache mit Kopfschmerzen auf: der »ruppig-runde« Rotwein von letzter Nacht. Ein Traum, der mir nachhängt: Thomas und ich stehen nachts draußen, trinken Wein, Frankreich, es ist warm, das Meer in der Nähe. Zwei ältere Frauen in Rollstühlen fahren an uns vorbei, halten an, als sie uns bemerken. Die eine sagt zur anderen: »Die beiden sehen aus, als ob sie Kinder machen wollten.« Ich lache Thomas an: »Wir haben ja schon welche.«

Kaufe Zigaretten und Zeitungen. Warte auf Georgs Anruf. Sein Prüfungstag. Ich möchte seine Stimme hören, ich möchte ihn sprechen hören. Mir ist etwas Hübsches an ihm aufgefallen: er sammelt Worte. Ich benutze ein ungewöhnliches, und zwei, drei Tage später bekomme ich es zurück. Etwa »schnöde« oder »abgefeimt«. Liegt es daran, dass er die ersten sieben Lebensjahre in Schweden aufgewachsen ist? Er bewegt sich, kaum spürbar, aber doch, in der deutschen Sprache ein bisschen wie in der Fremde. Wenn er mir die Worte zurückgibt, probiert er aus, ob sie passen, und freut sich an ihnen. Eigentlich nett.

Der Artikel von R. ist in der »MAZ« erschienen. Die Stadtschreiberin wird in Text und Bild gepriesen, und doch ist der Artikel ärgerlich. Wie Rumpelstilzchen springe ich vor Wut durchs Stadtschreiberzimmer, als ich lese »Mit den sogenannten ›Rechten‹ hat die Stadtschreiberin keine Probleme«. Warum habe ich eigentlich zwei Stunden mit ihm geredet? Er ist wahrscheinlich darauf verfallen, weil ich gesagt habe, ich hätte noch keine Rechten in Rheinsberg gesehen. Und, fast noch schlimmer finde ich »Auch für Mirco, den ›Schläger‹ vom Juli, ist in Inka Bachs Tagebuch eine Seite reserviert«. Also eine Art Ehrenplatz. Genau das, was ich vermeiden wollte. Ich habe R. gesagt, dieser Mirco sei jetzt ein Held, das sei schlimm, und ich wollte dem auf keinen Fall Nahrung geben. Und nun hat der Prügelknabe doch sein Ziel erreicht. Wahrscheinlich denkt R., er täte mir damit einen Gefallen. Ich will mich aber gar nicht bei den Rheinsbergern beliebt machen, schon gar nicht durch Ehrenrettung der Täter und der Stadt und durch Verharmlosung.

Scham, Scham, Scham. Probleme sind Schandflecke, aus Scham werden inhaltliche Auseinandersetzungen vermieden; wer's trotzdem wagt, ist ein Nestbeschmutzer. Bagatellisieren, mehr noch: Leugnen – immer dort, wo Scham auftritt. Bei Alkoholismus, der Krankheit des Leugnens überhaupt und auch hier bei den Jugendproblemen. »Die Presse will uns nur schlecht machen.«

Leugnen ist Verbergenwollen, hat aber auch mit Lügen zu tun. Ist Bestreiten, Abstreiten, also ein Streit mittels Verschweigen. Ist demnach aggressiv.

Tina, meine Freundin, die unter mir wohnt, ist Psychologin. Sie hielt letztes Semester ein Seminar im Erzgebirge ab, an dem fast nur Studentinnen teilnahmen. Zum Internationalen Frauentag kam ihr die Idee, warum nicht den Tag zum Anlass nehmen und die jungen Frauen nach ihren Erfahrungen von Frauenunterdrückung in der DDR fragen? Tina ist alles andere als eine Feministin. Nein, wehrte das Seminar geschlossen und einhellig ab, im Westen würde es das vielleicht geben. Sie aber hätten keinerlei Unterdrückung erlebt, auch nicht als Frauen. Tina insistierte. Aber es war kein Gespräch möglich, obwohl sie weiter auf dem Thema bestand. Die Studentinnen wurden so wütend, dass sie sogar mit Boykott drohten. Sagten, wenn Tina nicht damit aufhöre, kämen sie nicht mehr zum Seminar. Als wollte man ihnen etwas wegnehmen, ihre Vergangenheit nur schlecht machen, wenn man einmal nachfragt oder gar kritisiert.

Schaue auf die Uhr. In zwei Stunden fangen die Prüfungen an. Georg sitzt jetzt wahrscheinlich im Zug. Er wollte immer Hubschrauberpilot werden, sagte er. Soll ich das glauben? Er wird in drei, vier Stunden einer der vielen arbeitslosen Geisteswissenschaftler sein.

»Und soll man die Gewalttaten an die Presse geben oder lieber totschweigen?«, lese ich in einem Artikel der FAZ: »Vor kurzem wies das Innenministerium daher das Polizeipräsidium Oranienburg an, sogenannte kleinere extremistische Straftaten den Medien zu verschweigen. Bei den Parteien der Mitte wächst die Angst, dass eine laute Diskussion über die rechten Strömungen den Extremisten noch mehr Wählerstimmen zutreiben könnte.«

Ich rauche zu viel. Ich muss das Fenster öffnen, aber gleich wieder schließen, wegen des Baulärms.

Ein Verbergenwollen, was die Situation meines Erachtens nur verschlimmert und enthemmt. Die öffentliche Auseinandersetzung ist das einzig Wichtige, was man gegen die rechte Szene tun kann. Stillschweigen gab es in der DDR lang genug. Demokratie ist Öffentlichkeit. Und das eigentliche Problem – die Akzeptanz in der Gesellschaft, die durch Stillschweigen bestätigt, nicht verändert wird. Durch Verschweigen bleiben die Opfer obendrein nur sich selbst überlassen, und die »national befreiten Zonen« breiten sich weiter ungestört aus. Es ist schon wahr, man sollte den Rechten kein Forum bieten, in Talk-Shows und reißerischen Interviews, aber Nachrichtensperre?

Die Täter brauchen wahrlich nicht die Presse zur ausländerfeindlichen Stimmungsmache.

Auch verharmlost ja die Presse eher, als dass sie übertreibt. Wie oft habe ich schon in Zeitungsmeldungen gelesen, ein Dunkelhäutiger sei überfallen, schwer verletzt worden, ein fremdenfeindliches Motiv sei aber nicht zu erkennen, obwohl jeder sofort weiß, dass er allein nur wegen seiner dunklen Haut überfallen wurde. Ich erinnere mich an eine grausige Zeitungsnotiz: Mutter mit ihren beiden Kindern in Asylantenheim mit Eisenstangen erschlagen. Kein rechtsradikales Motiv. Täter unbekannt. Und regelmäßig heißen die Jugendlichen mit ihren offenen Neonazi-Sprüchen und ihrem »Sieg-Heil«-Gebrüll nur »die sogenannten Rechten«.

Regine hat mich gewarnt vor Dämonisierung der harmlosen, einer bloßen Mode folgenden, orientierungslosen und wie jede Jugend provozierenden Skins. Gebärden sie sich also nur oberflächlich rechts?

Zeitungen. Raschle mit Papier. Was für ein musikalisches Geräusch, dies Blätterrauschen! Ich habe noch nie so viele Zeitungen gelesen. Die Ergebnisse einer Forsa-Umfrage: Jeder zehnte Wähler kann sich vorstellen, bei der Bundestagswahl für eine rechtsextreme Partei zu stimmen. Besonders hoch sei das rechtsextreme Wählerpotential bei den unter 30-Jährigen und bei Arbeitern und Selbständigen. 52 Prozent der Befragten seien der Ansicht, dass in Deutschland zu viele Ausländer lebten. Kaum jemand glaubt ernsthaft, dass die rechtsextremen Parteien ein Patentrezept gegen die Arbeitslosigkeit haben, und die brennt den Wählern zum Glück mehr unter den Nägeln als jede Fremdenfeindlichkeit. Die DVU versucht deshalb inzwischen, beide Themen zu kombinieren, hat aber zum Beispiel im Magdeburger Parlament auch nur ihr übliches Chaos produziert. Rechtsradikale Parteien sind keine ernsthafte parlamentarische Gefahr.

Haben die Kinder heute an die Turnsachen gedacht? Haben sie ihre Hausaufgaben gemacht? Löscht Rosetta auch das Licht, wenn sie schlafen? Sie lässt sie immer zu lange lesen, und dann schlafen sie manchmal die ganze Nacht bei Licht.

Die Wahlprognosen sprechen von einer absoluten Mehrheit für die SPD in Brandenburg, drei Prozent für die verschiedenen Rechten, somit wären sie eigentlich kein Thema. Bei den Jungwählern allerdings wird ein weit höherer Anteil erwartet und dies mit steigender Tendenz. Davor hat jetzt Ignatz Bubis in seiner Rede zur jüdischen Neujahrsfeier gewarnt. Er nannte die Anfälligkeit von Jungwählern für rechtsextremistische Tendenzen erschreckend. Der Vorsitzende des Zentralrats der Juden erinnerte daran, dass in Sachsen-Anhalt bei den 18- bis 25-Jährigen die DVU mit 32 Prozent stärkste Partei geworden sei. Falls die PDS (Prognose siebzehn Prozent) ihre Wähler enttäuschen sollte, kann man befürchten, dass darüber hinaus auch viele von ihnen nach rechtsaußen gehen werden.

Mag nicht den ganzen Tag in der Bude hocken und auf Georgs Anruf warten, mitbibbern. Besorge mir im Internet-Café die Wahlprogramme von DVU und NPD. Setze mich mit ihnen in den »Rathauskeller«. Herzensangelegenheit beider ist nach wie vor »Deutschland den Deutschen«, modern aufgepeppt mit ökologischen und frauenemanzipatorischen Versatzstücken, die aber nach Grün-Braun und deutsche Mutter riechen. Auffällig auf ostdeutsche Wähler zugeschnitten. Kapitalismuskritik, gegen EU und Euro, gegen Globalisierung und freie Marktwirtschaft; der alte Hut: deutsche Kultur contra Zivilisation; Deutschland und die Grenzen vor 1939; Rehabilitierung des Naziregimes und über allem ein rassistisches deutsches »Menschenbild«.

Zurück ins Kavalierhaus. Warte weiter auf Georgs Anruf. Da, das Telefon klingelt. Er hat die Prüfungen hinter sich. »Wann sehen wir uns, wann feiern wir das?« – »Ich bringe Pilze mit nach Berlin, und die braten wir uns. Mit viel Petersilie.« Ich lege auf. Warum habe ich ihn nicht gefragt, ob er herkommen mag? Pilze, Petersilie, wie albern! Oder ob ich bei ihm vorbeifahren soll, wenn ich in Berlin ankomme? Weil ich bei allem Verlangen, das ich spüre, weiß, es kann nur ein Desaster werden, solange ich noch nicht befreit bin. Den Fehler habe ich schon mit Hannes gemacht. Ich stehe etwas verloren in der Gegend herum, reiße mich von meinen Gedanken los, lege eine Mozart-Kassette ein und schicke meine Trauer zum Teufel. Im Moment.

Am Nachmittag wieder die beiden gut gelaunten Putzfrauen an der Pinkelbude der Bauarbeiter vor meinem Küchenfenster. Ich grüße, frage, ob sie wieder nette Klosprüche entdeckt haben.

Ich gehe zum Bahnhof, weiß nicht, warum. Ich erwarte niemanden. Fühle mich mit einem heftigen Hieb sehr einsam. Möchte weg. Früher war hier nichts als Sand. Ich gehe aus der Stadt heraus, gehe einfach, am liebsten würde ich immer so weiter gehen, bis nach Paris, oder bis ich nur noch Sand unter den Füßen spüre. Ich sehe aufgereiht märkische Kiefern. Die Straße liegt schnurgerade, Autos jagen dicht an mir vorbei, es fängt an zu regnen. Ich gehe langsamer, merke, dass ich müde werde. So komme ich hier nicht weg!

19. September

Sonnenschein. Samstag. Die Menschen essen Meerrettich-Eis. Gegen elf Uhr gehe ich hinüber zum Schloss, Eröffnung einer Keramikausstellung, die der Galerist F. organisiert hat, mit dem Peter Böthig möglicherweise verwechselt wurde, als man ihn zusammenschlug. Er vermutet das übrigens selbst, er hatte sie am selben Vormittag zurechtgewiesen, als sie mit dem Saufen anfingen und ihre Bierdosen über den Platz warfen.

In den unteren Schlossräumen reihen sich die unwahrscheinlichsten und verrücktesten Gefäße von lebenden Künstlern. Ein modernes barockes Panoptikum.

»Hausfrauenpokale« mit Pin-up-Girls darauf für 590 DM das Stück.

Ein durchsonnter Innenhof des Schlosses. Der Kastellan Dr. F. beklagt sich, er habe die Stadtschreiberin noch nicht gesehen. »Es ist meine Schuld«, räumt er ein, »ich habe Ihre Antrittslesung verpasst.« Nun, es ist mit mir wie mit den Rechtsradikalen. Auch wenn man mich nicht sieht, bin ich doch da. Im Übrigen war es mir von Anfang an ein Greuel, fortzuführen, was meine beiden Vorgänger hier begonnen haben: der Stadtschreiber als Kleinstadtunterhalter, auf allen Veranstaltungen präsent und zum Anfassen für die Honoratioren. Ich weiß, dass man das von mir erwartet, glaube aber nicht, dass ich so besser schreiben werde.

Unterhalte mich mit der Frau vom Kastellan, die Lehrerin in Neuruppin ist. Einer ihrer Schüler hat eine kleine Vietnamesin überfallen. Eine Mitschülerin hatte sich daraufhin als Zeugin bereitgestellt, obwohl von einer rechten Gruppe Druck auf sie ausgeübt wurde. Der Vater des Jungen allerdings leistete einen Meineid, so dass nichts aus der Verurteilung wurde. Dann erzählt sie von einem gewissen Opa Lange in Vielitz bei Lindow, einem alten SS-Mann aus dem Westen, bei dem sich die Rechten der Gegend treffen sollen. Und die DVU konzentriere sich in Neustrelitz, wo ich demnächst eine Lesung haben werde, eine »Vollmondlesung«. Ich weiß noch nicht genau, was das sein soll. Doch weiß ich schon, dass ich mich dort ausnahmsweise auf den Vollmond konzentrieren werde und nicht auf die DVU.

Nach der Vernissage, gegen 13 Uhr, ein Vortrag des anderen Galeristen, dem aus der »Galerie Zopf«, über Geschichte und Tradition der Keramikmanufakturen in Rheinsberg. Er hat dafür eine Ausstellung mit alten Töpfen, Schüsseln und Vasen im ehemaligen, leer stehenden Kaufhaus aufgebaut. Seit 1764 wird durchgehend in Rheinsberg Keramik hergestellt. Bis 1989 wurde noch mit dem so genannten Galgen gearbeitet. Unter den Exponaten die »Parteikanne«, eine große Kaffeekanne für die Parteibonzen aus der Serie »Cottbus«, die seit Mitte der fünfziger Jahre bis 1975 in Rheinsberg hergestellt wurde.

Die ersten Wiederholungen: 14.30 Uhr fährt wieder eine Hochzeitskutsche vor die Kirche, deren Portal mit Blumenkränzen geschmückt ist. Orgelklänge. Fast wundere ich mich, dass nicht dasselbe Hochzeitspaar aus der Kutsche herausklettert wie vor zwei Wochen. Ein kleiner Junge mit schwarzem Anzug und Zylinder sitzt auf dem Kutschbock; die Pferde tragen weiße Spitzenschleifen am Zaumzeug.

Da fällt mir ein, was Karolin gestern Nacht gesagt hat: Lesbische und schwule Paare sollen zwar in Rheinsberg leben, sie zeigten sich aber nicht öffentlich, es gebe auch keine homosexuelle Szene.

Ich gehe weiter. Es gibt viel zu sehen. Es gibt viele Dinge in Rheinsberg. Es wird Bier gebraut, ein Fischhändler räuchert Aale, es gibt einen Yachthafen und einen Hafen für Ausflugsdampfer. Die Fleischerei an der Ecke vom Triangelplatz hat samstags bis 16 Uhr warmes Schweinefleisch im Imbissangebot.

Junge Menschen mit Musikinstrumenten laufen durch die Stadt. Einer dirigiert im Gehen sachte vor sich hin. Der Dirigent für das Konzert der Musikakademie heute Abend im Schloss? Gestern schon kamen mit weißen Kleinbussen lauter Musiker und Geigen an.

Neben dem Kavalierhaus befindet sich die Musikakademie, aus deren Fenster junge Menschen aller Welt schauen. Woher kommen sie? Manchmal höre ich sie singen oder andere auf Instrumenten üben. Eine schöne Nachbarschaft. Heute Abend wird die Komponistenklasse, die zwei Wochen in der Musikakademie komponiert hat, neue Werke vorstellen. Ein Geiger aus London hat mit ihnen gearbeitet und wird ihre Kompositionen auch spielen.

Ein Mann verfolgt mich. Eine Zeit lang schaffe ich es, ihm auszuweichen, dann hat er mich. Plaudert drauflos, sein Hausboot liege hier in Flecken, er wohne in Muskau, interessiere sich nicht sonderlich für Kultur, die Einkaufsmöglichkeiten in Rheinsberg seien eingeschränkt, mit seinem Boot könne man von hier bis zur Ostsee schippern … Ich wünsche ihm eine gute Reise.

Reisebusse von überall, der Schlosspark ist voller Touristen. Mich zieht's raus aus der Stadt in die Landschaft. Komme über den Parkplatz oben am Schloss, auf dem sich heute der »Brandenburger Markt« öde ausbreitet. Drei Brandenburger Salamis für zehn DM, viele Pakistani mit Kleidern und Tüchern, ein Hamburger bietet große Weidenkörbe voll Obst für zwanzig DM an; keiner kauft.

Weiter zur »Holländer Mühle«; auch dort Rentner-Reisegruppen. Interessant an diesem Ausflugsziel mit Pension sind die vielen Volieren im Freien, eine Vogelschau: Goldfasan, Silberfasan, Wellensittiche, Kanarienvögel, winzige Zebrafinken, kaum zehn Zentimeter groß, einer von ihnen tot am Boden des Käfigs. Das übrige Ambiente: Minikegelbahn, Betontische mit dunklen Holzdächlein darüber, Tannen und Lebensbäume, ein Rasen wie auf einem Minigolfplatz, rustikale Laternen. An den Betontischen, umgeben vom feinen Zwitschern der Vögel, wird zu Kaffee und Kuchen politisiert, auf Sächsisch, Berlinerisch: »Ausländer, die haben sich anzupassen, sonst müssen sie verschwinden. Die fordern und fordern …« Wahlstimmung.

Die SPD wird wahrscheinlich überall in Brandenburg wieder Wahlsieger. Aber niemand sage, nicht auch die SPD hätte ihr rassistisches Wählerpotential. Fast alle

Parteien instrumentalisieren immer wieder für sich die Ausländerfeindlichkeit. Die PDS etwa entwickelt in letzter Zeit eine Art Doppelstrategie: sie gibt sich weiterhin links, wirbt inzwischen aber auch offen um die rechten Wähler im Osten, denen die scheinbar weltoffene und tolerante Führung der Partei zu unheimlich geworden ist. Erhofft sich Chancen bei alten Betonköpfen und frustrierten Ex-SED-Mitgliedern, die rechtsradikale Parteien in den letzten Jahren zunehmend attraktiv fanden. So wie die NPD auf eine Art sozialistische Linie eingeschwenkt ist und eine Abkehr vom Kapitalismus signalisiert, erklären nun Gysi und seine Wahlkampfmanager, Aufgabe der Partei sei es, rechte Protestwähler links aufzufangen. Die CDU in Brandenburg operiert hemmungslos mit Begriffen wie »Nation«, »Staatsvolk«, »Schicksalsgemeinschaft«. Und die Allgemeinheit, auch der Konkurrent Stolpe toleriert, unterstützt dies, in der Hoffnung, der CDU würde so gelingen, Wähler am rechten Rand zu binden. Wir wissen das, es war immer schon so, seit es die Bundesrepublik gibt. Aber ist es deshalb auch gut? Seit Jahren eine politische Seemannsrhetorik im Zusammenhang mit der Ausländerfrage: Überschwemmung, das Boot ist voll. Mit sachlicher Argumentation und den Fakten hat das nichts zu tun.

Inzwischen verlassen mehr Ausländer Deutschland als hereinkommen. Dass Deutschland das Land mit den höchsten Flüchtlingszahlen sei, gehört zur Mythenbildung. Das UN-Flüchtlingskommissariat führt Deutschland an neunter Stelle, also im europäischen Mittelfeld. Das Argument ist aber auch deshalb krumm, weil andere Länder, etwa Frankreich, schon viel früher mehr Ausländer aufgenommen haben. Hier in Rheinsberg und Umgebung – wo ist hier das Boot voll? Keine Ausländer auf den Straßen, viel Platz überall. »National befreite Zonen«, sie bleiben ausländerfrei.

Apfelbäume, schwer behangen, der Holunder inzwischen schon überall schwarz. Ich spreche vor mich hin:

»... Danach aber ein körniger Wasserfall
Danach aber schwarzer Farben Zusammenprall ...
... Und pflaumklebrig mit dunklen Zweigen
Geneigt über die Pforte, die stöhnt wie zerbrochene Geigen ...«

Böse Gefühle tauchen plötzlich in mir auf, Erinnerungen, an den Pranger gestellt worden zu sein, zum Beispiel vor der gesamten Klasse Selbstkritik äußern zu müssen. Die Erfahrung, besser nicht als einzelner der Gruppe ausgeliefert zu sein. Es gibt einen Widerstand in mir, mich an meine DDR-Kindheit zu erinnern. Um so wichtiger sind diese Gefühle. Sie sind der Schlüssel, an abgeschnittene Erinnerungen heranzukommen. Da ist ein Widerwille gegen die Herde, die Ansammlung von Menschen, gegen Gruppenzwang. Ich wollte nach unserer Flucht nie zu denen gehören, die sich immer nur mit ehemaligen DDRlern umgeben, immer nur über die DDR reden und sich in ihrem kleinen Emigrantennest sauwohl fühlen. Ich habe dieses Markenzeichen der DDR gemieden, obwohl ich zu meiner DDR-Vergangenheit stehe, sie nicht leugne. Es ist wahrscheinlich kein Bedürfnis nach Identität in mir. Jetzt sprechen so viele in der alten DDR von Identität und dass man ihnen ihre Identität genommen hätte mit der Wiedervereinigung. Wunsch nach Identität fördert Nationalgefühl. Gekränktes Land. Gekränkt, gedemütigt, in seinem Stolz verletzt. Trotz entsteht. Und als Folge – die »Wir-sind-wir«-Mentalität.

Ich frage mich, wer ihnen die Identität nehmen will, und was für eine? Und warum nicht einmal Autonomie? An Autonomie hat es doch wirklich gemangelt. Ja, das ist es: Autonomie finde ich viel interessanter. Das hat allerdings auch bei mir zum Leugnen und Verdrängen geführt. Seit ich in Rheinsberg bin, entstehen durch die Nähe und die Gespräche mit den Menschen ganz selbstverständlich wieder Verbindungen zu meiner Kindheit.

Am Abend das Konzert der Musikakademie, einem Meisterkurs Neuer Musik im schon restaurierten Spiegelsaal des Schlosses. Zwischen den bis zum Boden reichenden Fenstern mundgeblasene Spiegel. Ein Deckengemälde von Pesne, »Der Tag vertreibt die Finsternis«, das die Kronbesteigung Friedrichs allegorisiert. Fontane hat daraus gemacht »der junge Leuchteprinz vertreibt den König Griesgram«. Ich bin nicht wirklich aufgelegt, Neue Musik zu hören. Ich habe als Studentin eine Zeit lang für »dpa« Neue Musik besprochen, und das war damals eine Phase, in der ich oft davon fasziniert war. Aber es war eben auch nur eine Phase. Seitdem bin ich etwas aus der Übung. Doch heute reißt mich die Musik schneller mit, als ich dachte. Die vielen jungen Leute im Publikum, die internationale Atmosphäre wirken allein schon elektrisierend, und dieser verrückte Geiger, klein, mit schwarzen Locken, vehement und virtuos spielend, hat ein ungewöhnliches Programm zusammengestellt, in dem er bekannte Komponisten aus der ganzen Welt mit den jungen Komponisten in Rheinsberg kombiniert. Und ganz verzaubert mich der Kontrast der zeitgenössischen Musik zum Ambiente des Schloss-Saales mit seiner illusionistischen Deckenbemalung.

In der Pause im Schloss-Innenhof krame ich im Gespräch mit zwei jungen Musikern aus Petersburg meine verschütteten Russischkenntnisse hervor. Plaudere später mit K. N., einer Lehrerin an der »Heinrich-Rau-Schule«. Sie ist auch im Rheinsberger Kunstverein, der nach dem Konzert in der Schlossküche im Souterrain sein Jahrestreffen hat, zu dem sie mich gleich herzlich einlädt. Sie erzählt von einer schwedischen Lehrerin, die zur Zeit bei ihr und an der Schule zu Gast sei, aus Mariefred, der Partnerstadt von Rheinsberg. Sie selbst sei letztes Jahr zwei Wochen im Austausch in Mariefred gewesen und habe dort mit Staunen den völlig anderen Unterrichtsstil der Schweden kennen gelernt. Es gebe nicht diesen deutschen 45-Minuten-Takt, von der ersten Klasse an hätten die Kinder zum Beispiel zehn Minuten Englisch-Unterricht. Für besondere Projekte würden auch schon einmal zwei Vollstunden vorgesehen. Oft arbeiteten 2. und 4. Klassen zusammen, nicht immer nur jede Klasse für sich, die Größeren lernten so, den Jüngeren zu helfen. Auch dürften die Schüler im Unterricht aufstehen, sich etwas zu trinken holen oder sich einfach kurz auf den Tisch legen. Sie schäumt vor Begeisterung, die ehemalige DDR-Lehrerin mit leicht sächsischem Dialekt. Nur durch die Begegnung mit dem Fremden verändern sich Strukturen, und diese Begegnungen finden nun offenbar statt. Frage sie, wer eigentlich Heinrich Rau sei. Ein Agronom, vermutet sie. (Ich schaue später nach, er war nach dem Krieg Wirtschaftsminister in Brandenburg und zuletzt Minister für Außen- und Binnenhandel in der DDR.) Frage sie, ob man der Schule nicht einen interessanteren Namen geben könnte. Tucholsky, zum Beispiel. Nicht durchzusetzen, sagt sie, übrigens wäre sie auch nicht dafür, die Schule sei für Tucholskys Namen nicht engagiert genug. Ich erzähle ihr, dass ich zusammen mit F. C. Delius für das ZDF einen Film in Mariefred gedreht habe, den ich ihrer Klasse und der Lehrerin aus Mariefred gern zeigen würde. Ein Film über Tucholsky und das Schloss Gripsholm. Es läge doch nahe, ihn in der Tucholsky-Gedenkstätte im Schloss Rheinsberg zu zeigen, nicht wahr? Sie beißt sofort an. Wir verabreden, ihn noch vorzuführen, solange die schwedische Lehrerin hier ist.

Im Spiegelsaal nach der Pause gebe ich ihr für ihre schwedische Kollegin über zwei Reihen hinweg ein Fünfkronenstück, das mit irgendwelchem Wechselgeld irgendwo in mein Portemonnaie gerutscht ist. Sie lacht: »Wir sind eine internationale Stadt.«

Der Geiger machte mich glücklich.

20. September

Vor dem Schlossparkeingang steht ein Mann mit seinem Auto; der Kofferraum offen, Körbe voller Steinpilze und Pfifferlinge schauen mich an. Sogar zwei Birkenpilze sind dabei. Der Händler hat alle selbst gesammelt, sagt er stolz und zeigt mir ein Foto seines größten Steinpilzes; das Foto wird in den nächsten Tagen in der Zeitung erscheinen. Ich erfahre nebenbei seinen Hugenotten-Namen. Suche mir einen Korb mit Pfifferlingen und fünf schöne Steinpilze aus und frage nach dem Preis. Er: »Sagen Sie, was Sie geben wollen. Ich bin doch kein Jude.« Zweimal sagt er es, schrecklich unschuldig. Volksmund, freundlicher, grausamer Volksmund. Ich werde ihm nächstes Wochenende, wenn ich wieder Pilze bei ihm kaufe, von Andreas erzählen, dem geizigen Pfarrerssohn und dann vom großzügigen, schenkfreudigen Lyriker Robert, der Wiener Jude ist, aber Proletariersohn. Und dass ich auch dies nicht verallgemeinern kann.

Studentische Burschenschaftler aus Freiburg im Breisgau halten mit einem eigens mitgereisten Pastor einen Gottesdienst in der Rheinsberger Kirche ab. Sie sind seltsam anzuschauen in ihren historischen Kleidern. Und ich denke über den Historismus von Rheinsberg als Touristenattraktion nach. Ein Historismus, der in der DDR verpönt, unterdrückt, verboten war und nun seltsame Blüten treibt. Was hier im kleinen Rheinsberg aufeinander prallt!

Vor der Kirche warten indes junge Sänger und der verwegene Geiger von gestern Abend darauf, in die

Kirche eingelassen zu werden. Die Generalprobe für das nächste Konzert heute Nachmittag. Ich setze mich zu ihnen in die Sonne. Bald gesellt sich der Hausmeister der Musikakademie zu mir. »So eine hübsche Stadtschreiberin hatten wir ja bisher noch nie! Da war doch vorher mal so ein Ausländer ...« Er schließt den Satz nicht ab, schüttelt nur verständnislos den Kopf. Wahrscheinlich meint er den indischen Lyriker Rajvinder Singh, der auch nicht gerade hässlich ist. Und dann schlägt er mir vor, einfach in der Akademie mitzuessen, »ein Esser mehr oder weniger, macht doch nüscht«. Lieber Hausmeister, lieber Pilzmann, ihr seid so herzlich zu mir. Seid ihr es auch zum Wiener Lyriker oder zu dem aus Indien? Sind eure Vorurteile nun harmlos oder nicht?

Nach dem Gottesdienst gehen die jungen Burschenschaftler zum Fleischerimbiss an der nächsten Ecke. Ich schließe mich den Musikern an, die jetzt in die strenge, schlichte Pfarrkirche können. Sie verteilen sich in einem großen Dreieck im ganzen Raum, dessen geschlossene Renaissance-Innenarchitektur man von außen nicht vermutet hätte, und singen im Chor und im Wechselgesang nach einer Musik von Dieter Schnebel Texte aus dem »Hohen Lied«, von Rilke und Hölderlin.

Die Stadt füllt sich im Lauf des Tages. Das herrliche Sonnenwetter lockt Berliner und Hamburger heraus aus der Stadt. Ein Gewimmel von bunten Kleidern, Autos und Pferdekutschen. Kein Platz vor den Lokalen mehr frei. Aber heute gibt es noch eine andere Attraktion: es ist Fontane-Tag, Fontanes 100. Todestag, und im Schloss diskutieren am Nachmittag Christian Graf von Krockow und Günter de Bruyn. Der SFB-Hörfunk sendet live. Deshalb taucht auch Gisela auf, die heute für den SFB moderiert. Mit ihr bin ich seit meinem Studium befreundet. Ich habe heute nicht viel von ihr, weil sie arbeiten muss, aber ich freue mich, sie hier in Rheinsberg zu sehen.

Der Mark Brandenburg sei überhaupt erst, so erfahre ich bei der Diskussion, durch und seit Fontanes literarischer Gestaltung Beachtung geschenkt worden. Seine »Wanderungen durch die Mark Brandenburg« seien im Übrigen dort am besten, wo er die Reisen erzähle. Und versuche ich nicht genau das auch? Geschichte würde so zu Poesie. Er beschreibe nicht das preußische Entweder-oder, nicht das Schwarz-Weiß der preußischen Fahne, sondern brächte Liebe und Hass zur Mark zusammen, »gleichsehend zu liebendes und zu hassendes Preußen«. Ich ahne, was er damit gemeint hat, und muss an meine so widersprüchlichen Wahrnehmungen in Rheinsberg denken. Es fällt der Fontane-Satz: »Ich danke für Obst.« Und ich – danke für Pilze. Erfahre, dass Fontane kein Interesse an Pflanzen und Tieren hatte, auch kein Interesse am Nichtadel, den Gutsarbeitern und Bauern. Frage mich, was ich ausblende. Höre: 1848 fiel der Putz von den Wänden des Rheinsberger Schlosses. Heute steht's nicht viel besser um das abgewirtschaftete Schloss, das gerade Schritt für Schritt mühsam restauriert wird. Und: »Man sieht nur, was man weiß.« Aber weiß man nicht auch anders, was man sieht?

Der Grünen-Abgeordnete spielt Volkslieder auf seinem Leierkasten vor der Konditorei, in der ich nach der Diskussion schnell noch ein Brot für Berlin kaufe. Er ist verkleidet als mittelalterlicher Spielmann, geht nun zum Schlosspark hinüber, dort wechsle er zur Klassik, sagt er mir, zwei Stunden habe er im Repertoire, »Beethoven und so, richtig gute Akustik«.

Ich bin noch vor Sonnenuntergang bei den Kindern. Habe schon von Rheinsberg aus Freunde zu einem Pilzabendessen eingeladen. Auch Georg. Er, mit Diplom in der Tasche, ist aufgeräumt, erleichtert, kümmert sich rührend um meine hübschen Freundinnen, und ich versuche, nicht ein bisschen eifersüchtig zu sein. Immer noch viel Berührungsscheu. Er wundert sich, dass ich zurückschrecke, als er mir nur sacht über die Wange streicht.

21. September

Ein Traum: Nachts in einer hell erleuchteten Stadt. Von weit winkt mir Thomas zu. Was will er? Ich gehe näher an ihn heran, und als ich fast vor ihm stehe, sehe ich, er winkt gar nicht mir zu, er winkt über mich hinweg. Er winkt der Welt zu.

Den ganzen Vormittag über schreibe ich einen Brief an die Rheinsberger. Faxe ihn später an die beiden Lokalzeitungen. Sie werden ihn ungekürzt bringen, zum Wochenende. Kein schlechter Zeitpunkt, jetzt unmittelbar vor der Wahl. Übrigens auch, um weniger Angst haben zu müssen. Wenn der Überfall auf Peter

Böthig doch im Zusammenhang mit meiner Lesung stand, dann bin ich allerdings gefährdet, mögen auch alle hier beschwichtigen. Wenn das Unbekannte, Fremde, Undurchschaubare bedrohlich wirkt und deshalb Hass erzeugt, muss ich, wie R. K. meinte, erklären, und zwar am besten öffentlich, für alle, wer ich bin, was ich hier will, warum ich in Rheinsberg als Fremde herumlaufe. Peter Böthig, heißt es, würde sich zu sehr auf der Schloss-Seite in seine Kulturarbeit vergraben, sei für die Rheinsberger Jugendlichen unerreichbar, unklar, unverständlich und damit undurchschaubar. Das hat ihn möglicherweise in Gefahr gebracht. Mag sein, er macht sich tatsächlich wenig gemein. Eine Erklärung vielleicht, eine Entschuldigung natürlich nicht. Wenn er überhaupt gemeint war und nicht der Galerist F. Beide, Galerist und Leiter der Tucholsky-Gedenkstätte, haben eine ähnlich schmale Statur, sind ähnlich, mit Jeans und Jackett, gekleidet und ungefähr gleich alt, könnten für die Glatzen unter die Kategorie linke Intellektuelle, »Zecken« fallen. Arrogant, nicht einzuordnen, was auch immer sie auslösen mögen an Aggressionen, keine Ahnung.

Peter Böthig wiederum beklagt, dass die Rheinsberger so schwer auf die andere Seite des Schlossgrabens fänden. Von den Stadtverordneten seien bisher gerade einmal zwei in der Tucholsky-Gedenkstätte gewesen, obwohl er immer wieder in den Stadtverordnetenversammlungen dazu auffordere, von den sogenannten normalen Bürgern ganz zu schweigen. Er erklärt sich das mit der Geschichte des Ortes: alte Ressentiments gegenüber dem früher unerreichbaren Hof, für den die Rheinsberger nur Zulieferer waren.

Zwei Welten und ich dazwischen, außenstehend. Ob ich mich mit meinem Brief nun aber erst recht in Gefahr gebracht habe, wird sich zeigen. Einige Freunde und die beiden Redakteure finden ihn mutig. Offensiv ist mir jedenfalls lieber als das geduckte Herumschleichen. Sollen sie doch kommen!

Rheinsberg, den 21. 9. 1998

Liebe Rheinsberger,

darf ich mich Ihnen vorstellen? Ich heiße Inka Bach, bin 42 Jahre alt, lebe normalerweise als freie Autorin mit meinen beiden Kindern in Berlin und bin noch bis Ende November die derzeitige Stadtschreiberin. Ich freue mich darüber und finde es ausgesprochen anregend, spannend, widersprüchlich und oft wunderschön in Rheinsberg. All das wirkt sich beflügelnd auf meine Arbeit aus. Jetzt, kurz vor der Wahl, ist ungefähr die Hälfte meiner Zeit abgelaufen.
Und ich wende mich heute mit einem Anliegen an Sie, damit wir vielleicht noch Zeit finden, miteinander bekannt zu werden und ins Gespräch über ein Thema zu kommen, das mir am Herzen liegt.
Es geht um die weit verbreitete Ablehnung von Ausländern und die Probleme, die die Stadt offenbar mit einigen ihrer Jugendlichen hat.

Ich habe mir folgendes dazu notiert:

1. In Brandenburg leben weniger als zwei Prozent Ausländer. Das ist der kleinste Anteil in ganz Europa. Auch in Rheinsberg gibt es meines Wissens nur wenige Ausländer, einen Italiener, einen Chinesen, beide mit Familie, sowie einen Türken. Die Rheinsberger scheinen mit ihnen gut klarzukommen. Und ich denke, hoffe, dass sich diese Hand voll »Fremder« hier wohl fühlen kann. Eine Ablehnung von Ausländern pauschal hat, glaube ich, wenig oder gar nichts mit konkreten schlechten Erfahrungen zu tun.

2. Jeder sechste Arbeitsplatz in Brandenburg wird durch ausländische Investoren geschaffen. Die wirtschaftliche Entwicklung der Region hängt zu einem Großteil davon ab, wie friedlich und gastfreundlich die Brandenburger Ausländern begegnen. Andernfalls ziehen sich ausländische Arbeitgeber, wie schon geschehen, aus für sie gefährlichen Gegenden zurück. Übrigens auch Touristen, auf die Rheinsberg angewiesen ist.

3. Ausländer nehmen keine Arbeitsplätze weg, wie landläufig angenommen, schon gar nicht bei zwei Prozent Bevölkerungsanteil. Oft dürfen sie gar nicht arbeiten, und wenn sie schwarzarbeiten, dann in Jobs, die Deutsche nicht gern annehmen. Der

Spruch »Ausländer raus«, in die Tat umgesetzt, hätte nur zur Folge, dass die, die ihn rufen, demnächst die gelben Säcke sortieren.

4. Ausländer sind nicht, wie auch oft angenommen wird, krimineller als sogenannte Inländer. Da der größte Anteil der Zuwanderer aus jungen Männern besteht, die häufiger kriminell werden als andere Altersgruppen, entsteht dieses verfälschte Bild. Statistiken lügen bekanntlich.

5. In Brandenburg hat fast jede Familie slawische, hugenottische, holländische und andere »fremde« Vorfahren, wie man schnell an den Namen erkennt, und zum Glück. Was wäre das sonst für eine verdammte Inzucht geworden! Und wie stolz können die Brandenburger auf diese Vielfalt von Einflüssen sein! Und auch heute werden wir durch fremde Kulturen beschenkt.

6. Ich schäme mich, wenn wir zu unseren Gästen nicht wenigstens zuvorkommend und höflich sind. Unter Hitler und auch zu Zeiten der DDR sahen sich viele Deutsche gezwungen, ihr Land zu verlassen. Sie waren auf die Hilfe von Fremden angewiesen.

7. Unordnung, Angst und Schrecken verbreiten in Brandenburger Ortschaften, auf den Straßen und auch im Verkehr nicht Ausländer, sondern vor allem

wenige alkoholisierte, junge, deutsche Männer. Die sozialen Probleme in Brandenburg werden nicht durch Ausländer verursacht. Übrigens ist Arbeitslosigkeit keine Entschuldigung, noch nicht einmal eine Erklärung für Gewalt gegen Ausländer. Und nicht jeder Arbeitslose ist rechts oder gewalttätig, und nicht jeder Rechte oder Gewalttäter ist arbeitslos. Aber immer mehr rechtsradikale Gedanken machen sich gerade bei Jugendlichen breit.

8. Die Haltung, was die rechten Jugendlichen meinen, sei ja richtig und ganz in Ordnung, nur deren Methoden seien falsch, befürwortet unterschwellig rechtsradikale Überfälle. Die Jugendlichen glauben dann, nur »ehrlicher« zu sein, die Schmutzarbeit für die Bürger zu erledigen.

9. Apropos Schmutz: Verwahrloste Jugendliche aus dem Stadtbild zu entfernen kann keine Lösung sein. Sie sind ja kein Problem der Straßenreinigung.
Ich bin erleichtert über die verstärkte Polizeipräsenz seit dem Überfall auf den Leiter der Tucholsky-Gedenkstätte, aber langfristig stellt sich die Frage, wo sind die zehn bis fünfzehn Jugendlichen dann (um mehr handelt es sich ja wohl nicht), wenn sie nicht in der Stadt sind? In den Wäldern? Bei Wehrsportgruppen? Ich habe gehört, die Gruppe sei geschlossen der DVU beigetreten; es

gäbe zwei Kameradschaften Rheinsberg im Internet. Wissen Sie davon, was sagen Sie dazu?

10. Öfter ist mir das Argument begegnet, diese jungen Männer seien zu blöd und auch meistens zu besoffen, um überhaupt rechts und links unterscheiden zu können. Wie wir wissen, schützen weder Alkohol noch Dummheit davor, verführt zu werden. Und klingt darin nicht ein bisschen mit, sie seien verloren?

11. Es fällt mir schwer, zu verstehen, dass es in einer Stadt wie Rheinsberg mit so vielen kulturellen Angeboten kein Kino und keine Disco gibt. Die Jugendlichen aber, die beides vermissen, kann ich nur auffordern: Nehmt die Sache selbst in die Hand! Macht nicht andere, die Stadt, den Staat, womöglich wieder die Ausländer dafür und für Eure Langeweile verantwortlich! Ihr werdet sicher Unterstützung für Eigeninitiativen finden. In Rheinsberg gibt es Räume, in denen man ein Kino und eine Disco einrichten und damit einigen von Euch Arbeit und Verdienst sichern könnte.

Nun noch ein Satz an die wenigen, die ab und zu ihr Mütchen kühlen wollen:
12. Gewalt gegen Wehrlose ist keine Heldentat, keine Sache des Mutes.
Gewalt drückt vielmehr Schwäche und Angst aus.

Mehrere auf einen ist überhaupt die größte Feigheit.

Vielleicht werfen Sie mir jetzt vor, dass ich mich in Ihre Angelegenheiten einmische. Das gehört zu meinem Beruf. Sie kennen Ihre Stadt natürlich viel besser als ich. Falls Sie das alles oder einiges anders sehen, freue ich mich auf ein Gespräch mit Ihnen. Falls ich bei Ihnen offene Türen eingerannt habe, auch. Es ließe sich noch über sehr viel Schönes und Erfreulicheres in Rheinsberg sprechen.

Vielen Dank für Ihr Interesse.
Mit freundlichen Grüßen
Inka Bach
(derzeitige Stadtschreiberin)

PS: Es heißt, auch der Rheinsberger Aal sei ein Ausländer.

23. September

Traum: Ich bin über Nacht weißhaarig geworden und unendlich müde. Seltsamerweise muss ich, obwohl ich schon so alt und schwach bin, Französisch-Hausarbeiten machen. Ruben sitzt neben mir, hilft mir dabei. Da kommt Georg zur Tür herein. Ich schäme mich, weil ich Schularbeiten mache und klappe das Buch zu.

Morgen erscheint der Brief in der »Ruppiner Zeitung«, dem anderen Lokalblatt. Der Redakteur hat ihn ungekürzt genommen. Übermorgen zum Frühstück eine Verabredung mit ihm. Er möchte die Stadtschreiberin vorstellen. Was ich ja eigentlich mit meinem Brief schon getan habe.

Manches habe ich vereinfacht darstellen müssen, zum Beispiel das wirtschaftliche Argument, ausländische Investoren zögen sich wegen des wachsenden Fremdenhasses in Brandenburg immer mehr zurück. Wenn es nicht auch um Arbeitsplätze ginge, hätten dann Gewalttaten gegen Ausländer eine größere Berechtigung? Gut, auch darüber kann man diskutieren, wenn Reaktionen kommen.

Und der Rheinsberger Aal? Ja, die Aale, die man in Rheinsberg beim Fischhändler kaufen kann, die schwimmen unermüdlich jedes Jahr vom Saragossa-See bis zu den Rheinsberger Gewässern. Werden in Reusen gefangen und dann geräuchert. Und doch kommen immer wieder neue nach.

Auf dem Weg zur Autobahn fahre ich zum ersten Mal bei Georg vorbei. Studentisches Leben, er schläft noch. Die Einzimmerwohnung ein Chaos. Auch vor der Tür stapelt sich der Müll. Er macht uns einen Kaffee. Ich ziehe die Schuhe aus und steige aufs weiße Sofa in der Küche. Georg rennt wie aufgescheucht umher und sucht seinen Ring. Ein Accessoire, das den Dandy noch unterstreicht. Such nur! Vielleicht will er unter dem hektischen Gerenne auch nur seine Verlegenheit verbergen. Mich kann die Studentenbude nicht schrecken, ich habe früher auch nicht anders gelebt. Während er den Ring sucht, durchforste ich den Stapel Zeitschriften und Bücher auf seinem Sofa. Kann ich schon an keiner Zeitung mehr vorbei? Schließlich findet Georg seinen Ring auf dem Bücherregal und fragt, ob ich noch Zeit für einen Spaziergang im Schlosspark Charlottenburg habe. Warum nicht.

Es ist windig, und ich halte mir die Jacke eng um den Bauch fest. Georgs Mütze fliegt in die Bäume. Sonne bricht durch. Schön ist es. Wie oft war ich schon hier, wenn ich mal nicht weiter wusste, und jedes Mal hat der Schlosspark mir gut getan. Ich erzähle ein bisschen von Rheinsberg, und plötzlich bricht Georg aus, rennt vor mir her und schimpft die Bäume an. Ich versuche, mit ihm Schritt zu halten, frage wieder und wieder: »Was hast du gesagt? Wie bitte? Bleib doch mal stehen!«

Schließlich verstehe ich, was er vor sich hin flucht. »Immer redest du nur von deinem blöden Rheinsberg. Ich kann's nicht mehr hören. Du siehst mich überhaupt nicht.«

Bleibt endlich stehen. »Seit wir uns das eine Mal bei dir geküsst haben, weichst du mir nur noch aus. Ich kann noch nicht mal deine Hand nehmen, so krallst du dich an deiner Jacke fest.« – »Aber der Wind ...«, versuche ich ihn zaghaft zu besänftigen. »Ach der Wind, der Wind!« Wir stehen uns gegenüber, er schaut zu Boden. »Und wenn ich nur so viel von Rheinsberg rede, um nicht in deine Arme fliegen zu müssen?« Hebt langsam den Kopf; wir schauen uns in die Augen. Dann umarme ich ihn, küsse ihn schnell auf die Stirn und laufe weg. Atemlos ins Auto. Da komme ich nun das erste Mal zu ihm, und er beschimpft mich!

Soll er sich doch bitte ein hübsches, junges Mädchen suchen, ich bin sowieso zu alt für ihn.

Natürlich bin ich blind, ich sehe Georg nicht, ja, das ist wahr, ich bin auch taub auf beiden Ohren und lahm mit beiden Beinen. Aber es ist nicht Anmaßung. Gleichgültigkeit oder sonst was. Es ist einfach so, dass nichts mehr hineinpasst in mich. Ich habe Angst vor der Trägheit der Liebe; ich habe Angst vor dem Spiel »wer kocht wen weich«, ich habe Angst, wieder Nussknacker sein zu sollen für eine zu harte Nuss. Was nützt es, wenn der Nussknacker kaputt daran geht? Ich habe viele Nüsse geknackt, Georg ist eine ganz besonders harte Nuss, das ahne ich. Reizvoll. Nehmen wir die Arbeit auf! Den schaffen wir auch noch! Nein! Kein Geschlechterkrieg mehr. Männer und Frauen passen nicht zusammen. Ich liebe meine Kinder.

Von Woche zu Woche werden die Bäume farbiger. Die Pferde bei Schönfeld stehen jetzt auf der anderen Seite der Allee. Der Mohn vor Schwante blüht schon lange nicht mehr – ein kahles Feld. Rehe und Reiher gesehen, sogar Rebhühner.

Ich komme in Rheinsberg an und werde mit Gesang begrüßt. Nebenan in der Musikakademie proben die Musiker wieder. An der Klinke der Stadtschreiberwohnung in einem kleinen Plastikbeutel eine Banane und eine Nektarine. Vom Hausmeister der Musikakademie?

Die großzügigsten Ablageflächen in der Stadtschreiberwohnung sind die beiden breiten Fensterbretter. Meine Notizen und Zeitungsausschnitte stapeln sich dort.

Der Brief ist heute tatsächlich ohne jede Kürzung in der »Ruppiner Zeitung«. In der »MAZ« soll er am Samstag, einen Tag vor der Wahl, erscheinen. Es gibt mit R., dem Redakteur, der meine Worte schon einmal verdreht hat und der kaum, dass ich zur Tür herein bin, am Telefon ist, eine Debatte um Kürzungen, die dann dank meiner Hartnäckigkeit unerheblich ausfallen. Ich kenne meinen Pappenheimer schon. Immerhin hat er inzwischen vom »Zentrum Demokratische Kultur« in Berlin bestätigt bekommen, dass es die beiden »Kameradschaften Rheinsberg« tatsächlich im Internet gibt. Im Internet-Café über dem »Club 30«, wo ich mich erkundigt habe, konnten sie das nicht so schnell eruieren. Und gerade diesen Punkt will R. nun streichen. Wenn's stimmt, muss es auch rein, sage ich. Da erschrecken die Verharmloser immer, wenn ich's ihnen erzähle. Und ich setze es durch – der Passus bleibt drin.

Hinaus, die Stadt begrüßen. Finstere Gesichter, trotz des schönen Wetters. Die DDR – durchsetzt von Misstrauen. Leise reden, scheele Blicke zum Nachbarn, verschlossene Gesichter. Die Leute in Rheinsberg begegnen mir auch jetzt so, noch immer. Oder bin ich es, die das Misstrauen vor sich herträgt? Meine beiden Kinder waren unmittelbar nach der Wende in einem Ostberliner Kindergarten, und ich konnte damals ganz konkret die Hartnäckigkeit der alten Strukturen beobachten, als die Frauen meinem Sohn mit aller

Macht die Windeln abgewöhnen wollten. Inzwischen höre ich mehr und mehr von Familien, die nach der Wende aus der westlichen Berliner Innenstadt euphorisch ins Umland von Berlin gezogen sind. Ins Grüne! Und nun wieder zurück nach Berlin kommen, wegen ihrer Kinder vor allem, entsetzt über das lieblose und rigide Verhalten von Erziehern und Lehrern in den Kindergärten und Schulen Brandenburgs. Allerdings habe ich auch beobachten können, dass es schon bald in Ostberlin die feinen Veränderungen durch einige Erzieherinnen gab, diejenigen nämlich, die gleich nach dem Mauerfall z. B. eine Montessori-Fortbildung begonnen hatten. Es wird viel Zeit brauchen, bis das alte Erziehungssystem der DDR wirklich überwunden ist. Seit Wochen läuft der Prozess um drei Kindergärtnerinnen in Brandenburg, die die ihnen anvertrauten Kinder misshandelt haben sollen. Sicher, das kann überall passieren. In diesem Land aber war es zwar Wahnsinn und hatte doch Methode. Wer behauptet da, ich übertreibe? Ich habe meine Erinnerungen und meinen Verstand nicht verloren.

Ich rauche den See an und wundere mich. Ich gehe weiter, sehe plötzlich und überraschend klar, genau, mit scharfen Umrissen. Ein Wieder-Sehen. Wieder erkennen, das ist es, ich erkenne wieder. Ich gehe weiter.

Wie kann diese Erblast so schnell verschwinden? Muss erst eine ganze Generation, wie die der Nazis, sterben, damit die kollektiven Verdrängungen und Leugnungen überwunden, die heißen Eisen angefasst werden dürfen? Freud meinte, es bräuchte drei Generationen, bis die Folgen einer gesellschaftlichen Katastrophe verarbeitet werden könnten. Und wenn die nächste Katastrophe schon gleich folgt? Und wieder eine folgt?

Der eigentliche Unterschied zwischen dem Rechtsradikalismus im Osten und dem im Westen, wo er ja nicht weniger militant die ersten Jahre nach der Wende war, als mehrere Asylantenheime brannten, ist, dass er dort das Problem einer isolierten Randgruppe darstellt, während er im Osten von der Gesellschaft im wesentlichen mitgetragen wird. Es geschieht, weil es akzeptiert wird. Wenn wir über die Jugendlichen sprechen, müssen wir auch über Eltern und Erzieher, über die Erwachsenen sprechen.

Erinnerungen an eine Kindergarten-Reise an die Ostsee. 1961, der Sommer des Mauerbaus, von dem wir Fünfjährigen nichts wussten. Ja, es wird August gewesen sein, als ich mit einem Jungen abends am Meer entlanglief. Wir liefen und liefen, fanden einige Donnerkeile und vergaßen die Zeit. Als hätte es nur uns und das Meer und die Donnerkeile gegeben. Es ist meine erste Erinnerung an ein tiefes, klares Glück. Ich weiß nicht, ob wir Hand in Hand gingen, vielleicht ab und zu, ja, ich erinnere mich aber genau, dass wir immer wieder ruhig miteinander sprachen, vertieft waren ins Reden, ins Schauen aufs Meer, in den dunkler werdenden Himmel und in unser Laufen. Ich glaube, nicht anders wandeln alte, weise Freunde oder Philosophen nebeneinander. Wir waren uralt, erfahren und gleichzeitig wie die ersten Menschen, allein mit uns, unschuldig, frei. Als wir schließlich zurückkamen in unser Ferienlager, folgte eine Vertreibung aus dem Paradies. Die Erzieherinnen fielen über uns her wie über Verbrecher, schimpften uns verdorben, insbesondere mich, nahmen mich zur Seite und warfen mir vor, ich finge ja früh an, mich herumzutreiben.

Diese erste bewusste Erfahrung von Glück und die darauf folgende Bestrafung fallen zusammen mit der Erinnerung an eine noch grässlichere, an die Bestrafung eines anderen Jungen, der etwas noch Schlimmeres getan hatte als wir Spaziergänger: er hatte sich in die Hose gemacht. Es muss wohl einen Ofen gegeben haben in diesem sozialistischen Ferienlager, denn der Junge wurde auf einen Ofen gesetzt, und wir Kinder, vielleicht dreißig, vielleicht fünfzig, wurden um den Ofen herum postiert und aufgefordert, mit Fingern auf ihn zu zeigen, »ätsch-bätsch« zu rufen und ihn auszulachen. Ich werde nie die Schuldgefühle vergessen, die ich nachher empfand, die Schuld, mitgemacht zu haben, um mich für die eigene Demütigung zu entschädigen.

Ostalgiker und unermüdliche Verteidiger der DDR weinen heute noch einer verlorenen Mitmenschlichkeit und Herzlichkeit, der Stallwärme im Osten nach und beklagen die soziale Kälte des Westens. Ich kenne beide Seiten, ich kann ein bisschen mitreden beim Vergleich. Es stimmt, die DDR hatte etwas von Stall, auch von Gestank, aber nichts von Wärme. Sie war nie so harmlos, wie manche sie jetzt sehen wollen. Der angeblichen »Nestwärme«, der »Nischengesellschaft« DDR nachzuweinen, heißt auch, eine altdeutsche Innerlichkeit mit ihrer Enge und Scheinidylle zurückzuersehnen, zu deren Kehrseite nichts anderes als der

Überwachungsstaat gehörte. Inhuman, gewalttätig, engherzig, hart und gefühlsarm habe ich die Zeit meiner Kindheit erlebt. Ich spreche nur von mir, gewiss, aber auch ich bin ein wichtiger Zeuge. Und ich weiß, dass jemand mit anderen Kindheitserfahrungen, als ich sie hatte, andere, vielleicht freundlichere, hellere Erinnerungen an die DDR haben kann.

Es fängt an zu regnen. Zurück ins Kavalierhaus. Ob Olga und Ruben ihre Regenjacken anhaben? Und ob sie ans Sportzeug gedacht haben? Und ob sie auch gefrühstückt haben? Und Zähne geputzt? Und?

Ich sehe mir alte Fotos an, die ich aus Berlin mitgebracht habe. Sechs Schwarzweißfotos aus der Krippenzeit. Zwei zeigen mich in Reih und Glied mit einem Dutzend anderer noch nicht Zweijähriger auf dem Töpfchen sitzen. Die meisten von uns haben gleich mehrere Finger im Mund, beachtliche Augenränder und apathische Gesichter. Niemand schaut irgendjemanden an, weder den Topfnachbarn noch die Kindergärtnerinnen, von denen man nur die Beine in Nylonstrümpfen, braune, breite, flache Schuhe und den Saum eines weißen Kitteln sieht.

Die anderen Fotos sind an einem Osterfest entstanden. Die ernsten Gestalten sitzen brav um einen Tisch versammelt, drei der Kinder haben je ein buntes Ei aus Pappmaché vor sich, die anderen nichts, der Tisch mit der glänzenden Plastiktischdecke ist leer. Ein Junge liegt müde und traurig mit dem ganzen Oberkörper auf dem Tisch. Zwischen uns Kindern wieder wie Eckpfosten die beiden Kindergärtnerinnen mit den weißen, sterilen Kitteln. Warum trugen sie bloß diese Kittel – wie in einem Labor oder Krankenhaus? Keimfrei, aber emotionslos? Auf keinem der Fotos lächelt auch nur ein Kind. Übrigens auch keine der Erzieherinnen. Ein depressiver Haufen, an einem Osterfest.

Und eine andere Erinnerung an den Kindergarten, alle anderen Kinder waren schon abgeholt worden. Ich hatte noch den Boden zu fegen. Eine Kindergärtnerin kam durch die leeren Räume, sah mich und zeigte mir, dass ich den Besen hinter mich halten und dann nach vorn ziehen sollte. So fegte ich also weiter. Nach einigen Minuten kam eine andere Kindergärtnerin und zeigte es mir genau andersherum: den Besen von vorn nach hinten müsste ich ziehen.

Kontrolle hinten und vorn, Reglementierungen, Drangsalierungen, Einschüchterungen, flächendeckende Einschüchterung; eigentlich war jeder in der DDR ständig eingeschüchtert, eingeschüchtert zwar von Hanswürsten, aber das machte die Sache noch beklemmender. Keine Freiräume, keine Luft zum Atmen. Desinfektionsgeruch. Angst innen. Angst außen. Einsamkeit. Sprechverbot. Alles mit sich allein ausmachen, austragen, ertragen, durchstehen, unterdrücken, erleiden. Aushalten. Mit dem Ergebnis der Apathie, der Gefühlsunterdrückung, ja -verhärtung, der Überangepasstheit, der seelischen Anspannung und Überforderung.

Sitze da auf meinem Stadtschreiberbett, sitze da und rauche. Sonst tu ich nichts. Auch schön.

Ich habe im wesentlichen dieselbe Sozialisation wie die Eltern der Jugendlichen in den neuen Bundesländern, die ja früher Kinder kriegten als im Westen. Bin ich deshalb so mitgenommen von allem, was hier geschieht? Ich reagiere unverhältnismäßig heftig auf die Xenophobie der ehemaligen DDRler. Ich reagiere emotionaler, ja hysterischer auf dieses Phänomen als meine westlichen Freunde, offenbar, weil ich betroffener bin durch die gleiche Prägung. Durch die autoritäre Erziehung, durch dieselben Feindbilder, denselben Gruppenzwang, denselben emotionalen Hunger und die permanente Angst. Und: Gewalt war und ist in der Luft. Es ist mir vertraut. Auch deshalb die Panik. So viele liebe Menschen hier, ja! Aber dieses Beben vor Gewalt, vor Gewaltbereitschaft, diese Unbeherrschtheit, diese allseitige Überzeugung, Gewalt sei berechtigt, Gewalt sei gut, und man dürfe sie ungehemmt zulassen. Dem glaubte ich entronnen zu sein, entkommen zu sein, und nun holt es mich ein. Real und psychisch. Ich bin mit meiner hysterischen Reaktion auf den Ausländerhass wie das Negativbild derselben Ursachen. Eine Art Besessenheit. Vertraut und fremd zugleich.

Denn teile ich mit den angefeindeten Ausländern durch meine Flucht aus der DDR nicht auch Gefühl und Erfahrung, fremd zu sein? Das Sprachproblem, zumindest oberflächlich, fiel weg, aber eben nur scheinbar. Und das machte alles nur noch schlimmer. Ein Trugschluss. Die Illusion, eine gemeinsame Sprache zu sprechen, weckte ständig in mir die Sehnsucht, verstanden zu werden – und ich wurde enttäuscht. Immer wieder. Im Ausland weiß man, was einem blüht. Aber im geteilten Deutschland mit den zwei deutschen Sprachen glaubte man, mit mir zu sprechen, und ich verstand die anderen doch nicht, und sie verstanden mich nicht. Ich war als Fremde nicht erkennbar und hatte keine Geschichte mehr. In der Konsequenz – ich konnte mich in meinem Alleinsein als Fremde verstecken. Einsam. Die DDR war von der Bundesrepublik so verschieden wie nur ein afrikanisches Land. Und heute ist es schwer für mich, in ein Klima zurückzukehren, von dem ich glaubte, ihm entronnen zu sein. Klima? Dem Staat, dem Horror Kindheit, dem ganzen Alptraum Angst.

Und warum, bitte schön, muss ich mich rechtfertigen dafür, dass ich nicht besonnen, verständnisvoll, abwägend und kühl auf die Ausländerhatz reagiere? Im ehemaligen angeblich so antifaschistischen Land? Ich habe mir bis vor zehn Jahren nicht vorstellen können, dass dieser Nazigeist sich jemals in Deutschland wieder ausbreiten würde. Geschweige denn, dass er salonfähig, telegen, diskutierbar, erklärbar würde. Die, die sich über meine Aufregung aufregen, und das sind nicht wenige, sollten mir bitte einmal erklären, warum sie sich nicht aufregen, warum sie so gleichgültig sein können.

Nachts schaue ich noch einmal am Schloss nach der Spiegelung im Wasser. Diesmal zittert das Schloss leicht.

24. September

Ich träume: In Eile, im Stress; ich bin mit Hannes verabredet. Er wartet an der Kreuzung Kurfürstendamm / Joachim-Friedrich-Straße auf mich. Ich schaue auf die Uhr, ich komme zu spät. Und trotzdem fahre ich nicht direkt zu ihm, ich muss noch etwas für Thomas besorgen. Hektik im Verkehr. Ich warte an der Ampel. Sie wird grün, ich fahre los, und plötzlich rast ein Auto von links auf mich zu. Mein Wagen dreht sich einmal um sich selbst, mir fliegen geplatzte Milchtüten um die Ohren, überall spritzt Milch, ich werde ohnmächtig, Feuerwehr kommt, ich wache schweißgebadet auf.

10.30 Uhr bin ich mit Holger Rudolph, dem Redakteur der »Ruppiner Zeitung«, vor der kleinen Konditorei in der Nähe des Sees verabredet. Er kommt mit einem Fotografen. Der macht seine Bilder und verschwindet wieder. Holger Rudolph und ich sitzen uns im Freien gegenüber und verständigen uns schnell. Er lebt in Neuruppin, ein kluger, feiner Mann, der eine Tumoroperation hatte, er zeigt mir die dicke, rote Narbe hinter seinem rechten Ohr. Er geht leicht gekrümmt, ist etwas gehandicapt, etwas angerundet. In einer straffen, herzlichen Stunde hat er genug Informationen und verabschiedet sich.

12.30 Uhr Mittagessen mit Yvonne. Wir besprechen den Start der Filmreihe für den 9. Oktober. Improvisiert, unbürokratisch. Die Zuschauer sollen auf Decken sitzen, weil der kaputte Boden nicht die Sicherheitsvorschriften erfüllt. Es wird ein Plakat entworfen, zwei Praktikanten aus einer 10. Klasse helfen ihr. Sie will ein Zeichen setzen, die Stadtverordneten vor vollendete Tatsachen stellen, damit sie Geld für die Reparatur des Bodens und einen Beamer herausrücken müssen, und sie will testen, ob jemand kommt. Nebenbei erfahre ich, dass sie unseren »Gripsholm«-Film über Tucholsky im Fernsehen gesehen hat.

14.30 Uhr bin ich mit K., einem jungen Mann, der im Internet-Café arbeitet und wo sich die rechte Szene treffen soll, verabredet. K. hat hier eine ABM-Stelle, die allerdings in den nächsten Tagen auslaufen wird. 60 000 DM sind für das Multimedia-Café investiert worden, und jetzt fehlen 5000 DM für zwei ABM-Stellen? K. macht an den Nachmittagen mit Kindern und Jugendlichen Einführungen ins Internet. Vor den Computern sitzen auch jetzt Elf- bis Fünfzehnjährige, keine Mädchen. Mein erster Gedanke: draußen scheint die Sonne und ihr sitzt hier blass und mit Augenrändern und krummem Rücken vor den Bildschirmen.

»Der Laden ist immer voll«, sagt K., »an anderen Tagen kommen auch Mädchen.« Er ist schwer erkältet und hypernervös, verzappelt sich in seinen Sätzen, die Augen zusammengekniffen, als würde er immer noch vor dem Gerät sitzen. Ich empfinde ihn zunächst etwas kontaktlos, aber mit der Zeit stellt sich doch so etwas wie eine Begegnung her. Er will rauchen; ich nutze die Gelegenheit und locke ihn in die Sonne.

Unten, im Erdgeschoss, im »Club 30«, riecht es nach jahrzehntealtem Zigarettenqualm. Hier seien, versichert er mir, in der Zeit, die er oben im Café gearbeitet hat, kein Sieg-Heil, keine Nazi-Lieder gegrölt worden. Aber er ginge meistens schon gegen 22 Uhr, selten bliebe er auch mal bis eins. Aber der Junge hinterm Tresen, der nicht doof sei, der sagte schon Anfang Juli, kurz bevor das mit Peter Böthig passierte, es wäre schon manchmal grauenhaft mit einigen, die bräuchten eins auf die Schnauze.

Zwei Tage vor dem Überfall sei er, K., zu Peter Böthig gegangen und habe ihm vorgeschlagen, im Café fürs Internet eine Gewalt-Seite aufzumachen. »Es gibt da einen Jungen, vierzehn Jahre alt, der ist mit einer Idee zu mir gekommen. Man soll eine Gesprächssituation simulieren: ein Rechtsradikaler, ein Linksradikaler und ein Neutraler streiten sich über die Frage der Gewalt. Mir gefällt der Einfall. Aber ich kann das nicht allein, ich bin nur ein Vollbluttechniker. Ich habe Peter Böthig gefragt, ob er nicht mitmachen will, ob man das nicht unterstützen muss. Der aber hat nur geantwortet, das müssten die Rheinsberger selber machen.«

Kann ich verstehen, denke ich für mich. Und da sagt K. aber den schönen Satz: »Wer sind denn die Rheinsberger?« Das mag ich; ohne große Erklärung bringt er eine ganze Philosophie auf den Punkt. Und wieder die Frage, ob sich Peter Böthig durch sein abgeschottetes Verhalten nicht gefährdet hat; unklar, nicht einschätzbar – eben fremd.

Auch für mich ein Balanceakt, tief genug einzudringen in die Rheinsberger Welt, in die Probleme und Schönheiten, ohne eingemeindet, vereinnahmt, gekauft zu werden.

Besitzergreifendes taucht schnell auf, wenn ich drei Sätze mit jemandem rede. Immer wieder. Und es kostet jedes Mal Kraft, mir die nötige Distanz freundlich zu erkämpfen, um mich frei bewegen, schreiben, wieder anderes, den Standpunkt der anderen entdecken zu können. Denn jeder schimpft hier auf jeden. Auch ein Kleinstadtphänomen. Und K. sagt nun: »In Rheinsberg sind alle zerstritten, sie wollen alle etwas für die Jugendlichen tun, arbeiten aber alle gegeneinander. Zum Glück sind die Rechten auch zerstritten.«

Zum Abschied erkläre ich mich bereit, an der Gewaltseite der Jugendlichen mitzuarbeiten und schon einmal als erstes meinen offenen Brief fürs Internet zur Verfügung zu stellen. K. weiß nicht, wer demnächst und ob überhaupt jemand die Jugendlichen nach ihm betreuen wird und versichert mir noch einmal, das Internet-Café sei clean, hier hätte es bisher keine Rechtsradikalen gegeben.

Und es stellt sich heraus, dass sie eben nirgendwo sind. Einmal heißt es, sie seien im Internet-Café, hier vermutet man, vielleicht im »Club 30«, dort sagt man, nein, im Schützenverein, da wiederum, nein, im Spielsalon, und dort, nein, am Stadion, und so weiter. Und vielleicht sind es ja auch keine dämonischen Gestalten, sondern ganz normale Jugendliche, die man aus dem Alltag kennt. Dumme, kleine, schwache Jungs, die zusammenklappen, wenn man sie einzeln packt. Stark nur in der Gruppe.

Eine Erkenntnis auch andernorts – es sind oft die Jungs von nebenan, nicht Fremde von weither. Meist kindliche, unbedarfte junge Männer aus der Nachbarschaft mit Adresse und Familie. Wie Mirco.

25. September

Ein Traum: Georg trifft mich in der Stadt, flirtet, möchte mit mir einen Wein trinken. Es wird spät. Ich sage: »Ich muss zu den Kindern, sie sind allein.« Er versucht mich zurückzuhalten. Aber ich gehe.

Ich wache auf, weil jemand an die Tür klopft. Der Hausmeister mit dem »Ruppi« in der Hand. »Sie sind in der Zeitung.« Reicht sie mir. »Sind Sie heute Abend da?« Ich weiß, was er meint, heute findet die »Nacht der Poesie« in der Gedenkstätte statt. Brandenburger Dichter plus Gitarre. Nicht meine Sache. »Nein, ich muss zu meinen Kindern. Am Montag komme ich wieder. Übrigens, vielen Dank für die Banane. Die war doch von Ihnen?« Er nickt.

Mit der »Ruppiner Zeitung« zurück ins Bett. Tatsächlich, Holger Rudolph hat den Artikel gebracht, ohne Verdrehungen und Entstellungen, und der Mann kann verdammt gut schreiben.

Sonne wieder, Ende September und noch so warm. Leichte, helle Farben in der Landschaft, von Mal zu Mal intensiver. Noch ein bisschen Sonnenröte ins Gesicht. Bambusschilfrohr am Schloss. Diese seltsam hohen Tretboote auf dem See. Keine Pilze.

Frühstück im Freien. Nun auch in der Wochenend-Ausgabe der »MAZ« der offene Brief; mit deutlicher Überschrift: »Gewalt gegen Wehrlose ist keine Heldentat oder Sache des Mutes«. Was will man mehr? Drei Artikel diese Woche. Hab' vorläufig genug für die Öffentlichkeitsarbeit getan.

L. steht plötzlich neben mir. Hat's eilig. Er arbeitet in Kreuzberg mit jugendlichen Arbeitslosen, lebt mit seiner Familie in der Nähe von Neuruppin. Kennt das anstrengende Pendeln zur Genüge. Sagt, es sei unglaublich, wie viel Gewalt ihm bei seiner Arbeit begegne. Es käme einiges auf uns zu. Müsse er mir alles unbedingt erzählen. Aber wann? Mal sehn, wenig Zeit. Schon ist er wieder weg.

L. habe ich auf einem Hoffest unseres Wohnhauses in Berlin kennen gelernt. Er erzählte mir damals, dass er sich vor einiger Zeit von einem Jugendlichen seiner Betreuungsgruppe in eine Wehrsportgruppe habe einschleusen lassen. Ein Vierteljahr habe er das durchgehalten. Die Trainer, die Köpfe dieser Wehrsportgruppen, seien junge Männer aus sehr gutem Haus gewesen, aus Zehlendorf etwa, deren Väter Kaufhausbesitzer, Politiker oder Juristen. L. lernte von ihnen im Dreistufenprogramm den Gegner: 1. zu demütigen, 2. zu verletzen, 3. zu vernichten. Er wollte damals nicht richtig mit der Sprache heraus, als er merkte, dass ich möglicherweise darüber schreiben könnte. Es sei gefährlich, wenn er entdeckt würde, sagte er. Ich versicherte ihm, ich sei keine Journalistin, und Namen würde ich sowieso nicht preisgeben. Aber er bleibt, glaube ich, vor mir auf der Hut.

Ich frühstücke weiter und studiere den restlichen Wochenend-Zeitungsberg:

»Manche Ausländer fürchten sich schon vor einer Autobahnfahrt durch den Osten«, erzählt die Berliner Ausländerbeauftragte Barbara John in einem Interview des »Tagesspiegel«. Vor allem Afrikaner und

Asiaten fühlten sich angesichts der Fremdenfeindlichkeit in den neuen Ländern stärker eingeschränkt als vor dem Mauerfall. Es gebe kaum eine andere Großstadt, wo ein Ausflug in die Umgebung – etwa von London nach Oxford oder von Paris an die Loire – für bestimmte Gruppen damit enden könne, sich schwer verletzt im Krankenhaus wiederzufinden. Italiener zum Beispiel, scheuten sich schon, in den neuen Ländern ihre Muttersprache zu sprechen.

»Viele Deutsche mögen das für eine übertriebene Angst halten, aber Ängste sind für Menschen etwas sehr Reales.« Für ganze Gruppen von Minderheiten sei praktisch keine Bewegungsfreiheit mehr möglich.

Barbara John habe ich vor einigen Jahren kennen gelernt, als sie Gast der Gruppe »Courage gegen Fremdenhass« war. Ich habe sie immer schon sehr geschätzt. Und mit diesem Artikel versetzt sie mich in helle Begeisterung. Sie wünscht sich, wir würden einmal die Perspektive wechseln, unsere Sicht, die der Deutschen weißer Hautfarbe. »Ausschlaggebend ist die Perspektive von potentiellen Opfern. Denken Sie an die ausländischen Kinder in Berliner Schulklassen. Wir müssen das Problem aus ihrer Perspektive sehen, um das Ausmaß des Schreckens zu begreifen.«

Erfahre nebenbei, dass Brandenburgs Sozialministerin Regine Hildebrandt den Medien vorwirft, sie bauschten das Thema Fremdenfeindlichkeit in Brandenburg auf. Auch sie also. Barbara John vermutet nun, bei den demokratischen Parteien mit ihrer ausgeprägten Passivität gegenüber dem Thema sei Feigheit im Spiel, weil ein Teil der Bevölkerung die Forderung nach menschlichem Umgang mit Ausländern nicht hören wolle. Aus Gesprächen mit Ostberlinern und Brandenburgern hat sie aber erfahren, wie viele Menschen auch unter den Zuständen leiden, dass sie etwas tun wollen. Auch die sollte man nicht allein lassen.

Stromern durch die Sonne. Es gibt ein Zinnfigurenmuseum in Rheinsberg, gleich neben dem exklusiven »Seehof«. Heute aber findet sogar eine Zinnfiguren-Messe statt, im 1. Stock über dem »Ratskeller«, in dem schon Fontane gegessen und den Besuch auch in seinen »Wanderungen durch die Mark Brandenburg« beschrieben hat. Dorthin, zur Messe, kommen sie von überall, die kleinen Soldaten. Dazwischen einige Bücherstände. Wieder dieser Alter-Fritz-Geschichts-Rummel. Kaufe ein Heft über Hugenotten in Berlin, noch zu DDR-Zeiten herausgegeben.

Fast jedes Wochenende eine Touristenattraktion.

Schnell noch einige Rheinsberger Keramik besorgt: eine Vase für Rosetta zum Geburtstag, zwei Becher für Tinas Kinder zum Dank, dass meine beiden schon zwei Wochenenden bei ihr waren, ein Glöckchen für Georg, einen Kerzenständer für mich.

Wirkt doch alles ganz freundlich, ja, idyllisch hier. Warum fühle ich mich eigentlich bedroht? Warum finde ich Rheinsberg unheimlicher als Berlin, wo doch viel mehr Kriminelle und Gewalttäter unterwegs sind? Vor ein paar Monaten ist mir in meinem Viertel am Nollendorfplatz mein Portemonnaie aus der Manteltasche geklaut worden. Von zwei Zigeunermädchen, höchstens zwölf und fünf Jahre alt. Sie wohnen in meiner Schwulenstraße, in einem Asylantenheim.

Schwule und Asylanten sind sich nicht grün. Die Ausländer verachten die Schwuchteln, und ein Schwuler sagte mir einmal, gegen das Asylantenheim helfe nur Benzin. Also Zündstoff genug. Mir fallen die bösen Brandanschläge auf Asylantenheime unmittelbar nach der Wende ein. Dennoch, außer Diebstahl und Pöbeleien hier noch nichts gewesen. Auch keine zusammengeschlagenen Passanten.

Die Lokalpolitiker in Rheinsberg aber säubern die Straßen von problematischen Jugendlichen, als seien sie ein Problem der Stadtreinigung, die Rechtsradikalen wollen die Straßen von Ausländern säubern, die gar nicht da sind; und davor krieg ich Angst. Und nicht vor dem Durcheinander von Schwulen, Asylanten, Cineasten, Hunden, Alten und Kindern in meiner Berliner Ecke. Unheimlich die Überschaulichkeit mit ihrer aggressiven Sauberkeitsmentalität, den Gespenstern der Vergangenheit. Kontrolle, kein Schutz durch Anonymität. Befremdliche Kleinstadtidylle. Die Idylle trügt, ja. »Schloss allein genügt nicht«, hat Sissy schon gesagt.

Und auch das ist es: Kleinstadt ist mir Großstädterin fremd, unbekannt. Meine Angst vor dem Fremden. Und gleichzeitig durch die DDR-Erfahrungen, -Gerüche, -Erinnerungen vertraut und auch dadurch unheimlich.

Auf der Landstraße Richtung Kremmen fallen mir plötzlich die vielen, gar nicht romantischen russischen Panzer ein, die früher, als ich Kind war, hier langgefahren sind und mir immer Angst gemacht haben. Ausland, das war in erster Linie der »Große Bruder«, der Okkupator. Ist der Ausländerhass in der ehemaligen DDR nicht auch ein verkappter (und verständlicher) Russenhass? Was hat man gelernt von der deutsch-russischen Freundschaft? »Von der Sowjetunion lernen heißt siegen lernen.« Die Sowjetunion, die in stalinistischer Zeit, noch in den 50er Jahren, Menschen zum Tod verurteilte, weil sie mehrere Fremdsprachen beherrschten. Hingerichtet wegen Kosmopolitismus. Wie wirkt sich solch ein Geist aus? Wie kann man jetzt auf einmal Liebe zum Kosmopolitischen erwarten?

Bin pünktlich, wie verabredet, um sieben Uhr abends in Berlin am Spandauer Damm, um Olga und Ruben vom Kindergeburtstag abzuholen. Die beiden waren bis Freitag Nachmittag mit Rosetta in der Wohnung, bis Samstag Mittag bei Tina, dann fuhr sie A. zu Sophias Fest.

Ich staune, wie ich das alles, Woche für Woche, mit den Kindern organisiere. Und staune, welch Netz da gespannt ist, was für ein Geflecht von Freunden mich unterstützt.

Übermorgen ist Wahl.

27. September

Georgs Geburtstags- und Wahlparty in einem. Jubel bricht vor dem Fernseher aus. Nicht nur ich mache einen Generationswechsel durch. Generationswechsel nun auch in der Politik.

Kann man da genug Durchhaltevermögen erwarten?

28. September

Auf der Fahrt nach Rheinsberg begegnen mir zwei Fischreiher; sie sehen im Flug den Störchen so ähnlich. Das weiße Pferd ist weg, nur das schwarze und das braune stehen auf der Weide vor Schönberg. Die Häuser in Rheinsberg begrüßen mich zuvorkommend; sie scheinen einen Knicks zu machen.

Altweibersommer über dem Rheinsberger Schloss.

Die 12. Klasse der »Heinrich-Rau-Schule« wartet schon mit drei Lehrern im Schlossinnenhof. Begrüßung. Ja, ich habe den Film dabei. Fast schade, bei dem Sonnenschein ein Video vorzuführen. Der Pulk nimmt in der Tucholsky-Gedenkstätte Platz.

Ein schönes Gefühl, hier, zwischen Fotos von Tucholsky, im Schloss Rheinsberg unseren Film »Wie weit ist es von einem Mann zu einer Frau!« über Tucholsky und Schloss Gripsholm zu zeigen. Dabei sitzt auch die schwedische Austauschlehrerin aus Mariefred. Die Schüler sehen deren Heimatstadt. Gripsholm grüßt, Rheinsberg grüßt.

Fahre am selben Tag zurück, muss abends zur Elternversammlung von Olgas Klasse. Mache einen Umweg über Gransee, auf der Suche nach Videos für unsere Filmreihe und halte vor der Videothek, die gut sortiert sein soll. Hat aber nur neue Filme, bestellen kann man nicht.

Khyana, immer hochschwangerer, ist diesen Nachmittag bei den Kindern geblieben. Am Abend finde ich alle drei beim Memory-Spielen am Küchentisch.

29. September

Habe gestern Abend, als ich ankam, vergessen, das Autoradio auszumachen. Die Werbung ging mir auf die Nerven, ich habe sie leise gestellt und dann nicht mehr gemerkt, dass das Radio noch lief. Heute Morgen war natürlich die Batterie leer. Aber sofort sind ein paar hilfsbereite Männer aus der Schwulenboutique unten bei mir im Haus zur Stelle gewesen und haben mit einem Überbrückungskabel geholfen. Ich fahre ein bisschen über die Stadtautobahn, um die Batterie aufzuladen. Diesmal nicht nach Norden, sondern Richtung Tempelhof.

Höre im Radio, dass heute auf dem jüdischen Friedhof an der Heerstraße die Grabplatte von Heinz Galinski, vom ehemaligen Vorsitzenden der Jüdischen Gemeinde, mit einem Sprengsatz zerstört wurde.

Mache das Radio nicht leiser, sondern aus. Großeinkauf. Tütenschleppen. Mittagessen kochen. In einer Stunde kommen die Kinder. Mineralwasser fehlt noch. Gehe mit der leeren Wasserkiste aus dem Haus, da steht Georg vor mir. Nimmt mir die Kiste wortlos ab, trägt sie zum Getränkehändler an der Ecke und die volle hinauf in die Wohnung. Wir trinken einen Kaffee zusammen, ich schau nach dem Gratin im Ofen, Georg immer hinter mir, dabei unentwegt kluges, spaßiges Kauderwelsch schnarrend, ich lache, plötzlich der Satz: »Willst du meine Domina sein?« Er küsst mich rasch auf die Wange, schnattert weiter. Nur ein Spaß.

Bin am Abend zum Essen bei Gisela eingeladen, der Redakteurin, die ich in Rheinsberg am Fontane-Tag traf. Margret, mit der wir beide studiert haben, erzählt von ihrer Schwester: sie ist Lehrerin und mit ihrer Schulklasse aus Frankfurt am Main auf Klassenreise in Erfurt gewesen. Abends auf dem Weg zur Jugendherberge kamen sie an einer Gruppe besoffener Skins vorbei, die die Mädchen anpöbelten. Die haben sich nicht einschüchtern lassen, obwohl die Lehrerin ihnen sagte, sie sollten vorsichtig sein, und pöbelten zurück. Daraufhin kam es zu einem Gerangel. Einer der kräftigeren Jungen aus der Klasse stellte sich schützend vor die Mädchen, forderte die Skins auf, sie in Ruhe zu lassen. Leider mit russischem Akzent. Ein Aussiedler. Daraufhin schnellte ein Skin, groß und bullig, er konnte sich kaum noch auf den Beinen halten, so besoffen war er, in unberechenbarer Wut vor, schlug blitzschnell, sehr präzise und hart auf den Jungen ein, um dann wieder zur Seite zu torkeln. Die Lehrerin schrie ihre Schüler an, sie sollten weglaufen. Aber die standen alle nur fasziniert dabei. Und das fand die Lehrerin im Nachhinein an dem Vorfall am Schlimmsten; magisch angezogen waren sie von diesem Ausbruch brutaler Gewalt.

Was für eine Faszination die Gewalt doch hat! Auf dem Fahrrad fällt mir Georgs Frage ein. Scherzkeks. Domina? Und er – Drachentöter?

1. Oktober

Seit heute trägt Rheinsberg Herbst; es ist kalt, nebelig, grau. Wind zaust den Holunder und schüttelt seine prallen Beeren von den Sträuchern. Schmierige, schwarz klebrige Flecken am Boden.
»… Ach, welche kräftigen Farben sind hier gemischt
Im kleinen Gefäß der Beere, und süßer als Gift …«

Holunder, eine anspruchslose Pflanze, die fast überall wächst. Der Schwarzbeerenbaum, mit 25 Arten kommt er in allen Erdteilen vor. Holderbaum, Holderbusch, Hölderlin?, Hollerbusch. Eine nützliche Pflanze, vielseitig verwendbar. Seine hellgelben Blüten duften stark und wirken schweißtreibend (Fliedertee, Holundertee). Es wird dabei die Empfindlichkeit der das Schwitzen regulierenden Zentren erhöht, so dass bereits mittlere Wärmereize zu einer erheblichen schweißtreibenden Wirkung führen. Deshalb geeignet gegen Erkältungskrankheiten und überall da, wo eine Schwitzkur als heilkräftig angesehen wird. Nebenwirkungen sind nicht bekannt. (In diesem Sommer hat mir Gisela ein Rezept für Holunderblütensirup verraten. Ich habe es nicht selbst ausprobiert, aber wie es meine Art ist, aufgeschrieben. Probiert habe ich den mit Mineralwasser verdünnten Sirup auch – eine köstlich-kühle-frische Limonade mit leichtem Parfümaroma.) In Teig getauchte und dann gebackene Holunderblüten sind besonders in Süddeutschland beliebt. Die Holunderfrüchte sind schwarzviolett, schmecken süßsäuerlich; sie enthalten ätherisches Öl, Zucker, Apfel-, Gerb-, Baldrian-,

Essig-, und Weinsäure, Bitterstoff, Harz, Wachs und Gummi. Sie werden verarbeitet zu Fliedermus oder Holundersirup, Holunderbeerwein und Suppen; werden zum Färben von Wein, Limonade und Speisen eingesetzt. (Nie wieder werde ich selbst versuchen, Holunderbeeren zu verarbeiten. Sie verfärben, jedenfalls wenn ich sie koche, die ganze Küche.) Das Holz dient zu Schnitzereien und Drechslerarbeiten. Das Mark, Holundermark, wird in der mikroskopischen Technik zum Festhalten (Einklemmen) und für physikalische Versuche verwandt (sagt mein Brockhaus, verstehe kein Wort). Sambucus nigra, der Schwarze Holunder, war schon in der Antike eine bekannte und geschätzte Heilpflanze. Die Hippokratiker kannten sie als abführendes, harntreibendes und gynäkologisches Mittel (Abtreibungen, oder was?). Zum Blaufärben wurde Sambucus ebulus noch im klassischen Altertum verwendet. Dioskurides erwähnte außerdem für beide Arten arzneiliche Anwendungsbereiche, die sich zum Teil in der Volksmedizin bis heute erhalten haben. Die schon von Albertus Magnus bezeugte Anschauung, aufwärts geschabte Rinde des Holunderbaumes erzeuge Erbrechen, abwärts geschabte führe ab, war auch bei sibirischen Völkern, in Süd- und Westrussland, bei den Rumänen in der Bukowina und den nordamerikanischen Winnebago-Indianern verbreitet. Als besonders wirksam galt das Berühren oder Verpflöcken, das heißt Übertragen der Krankheit auf den Strauch. Man hütete sich, ihn umzuhauen oder zu verstümmeln, das Holz zu verbrennen, da das Unglück oder Tod nach sich ziehen würde. Der Holunder wurde bei der Beerdigung (Stab oder Kreuz aus Holunder) verwendet, Tote wurden unter ihm beigesetzt (Friesen). Gegen Hexen und Zauber wurde Holunder als Abwehrmittel gebraucht. Aus der auch in England verbreiteten Anschauung (Shakespeare), Judas habe sich an einem Holunder erhängt, entstammt wohl der jüngere Glaube, dass der Holunder zum Teufel in Beziehung stehe. Vielfältig anpassungsfähig. Sicherlich ist er ein guter Giftsauger. Soll er!

Auch vor dem Theateranbau wächst er. Der hat im oberen Stock schon Fenster, die Fliesenleger sind an der Arbeit; der Firmenbus steht vor der Tür: Arbeitsplätze aus der Gegend. An meiner Klinke hängt eine Plastiktüte mit einer Banane, einer Kiwi, einem kleinen Stück Schokolade und einem Hörnchen. Danke, lieber Herr Hausmeister!

Kaum angekommen, versinke ich in Tiefschlaf. Anstrengend, dieses Pendeln, der Spagat zwischen Berlin und Rheinsberg.

Bisher kein Brief, kein Anruf von bösen Rheinsbergern, weder in den Redaktionen noch bei mir. Ich bin nicht beleidigt. Aber ist das ein gutes Zeichen, Zeichen dafür, dass ich nur offene Türen eingerannt habe, oder Ignoranz? Fühlen sie sich nicht angesprochen?

Wie ginge es in Rheinsberg zu, wäre hier ein Asylantenheim? Wer ist in Rheinsberg wirklich bereit, rechtsextrem orientierten, gewalttätigen Jugendlichen zu begegnen? Noch nicht einmal die Polizei ist dazu, wenn es ernst wird, in der Lage. Beispiele dafür gibt es genug.

Deshalb wird überlegt, erzählt mir Rajvinder Singh am Telefon, der mich aus meinem Tiefschlaf reißt, die Polizei in Rheinsberg auszutauschen, zum Beispiel gegen die aus Hoyerswerda. »Der Grund ist«, sagt Raj, »dass die Polizisten zum Teil mit den rechten Jugendlichen, gegen die sie vorgehen sollen, zur Schule gegangen oder befreundet sind. Gesinnungsfreunde, die sich oft seit der Kindheit schon kennen. Da wird dann zum Beispiel die Polizei gerufen, und sie kommt nicht.« – »Das hat auch Peter Böthig in der Nacht erlebt«, rufe ich dazwischen. »Ja. Und wenn sie erscheint, steigen die Ordnungshüter oft erst gar nicht aus dem Auto, sie zeigen quasi sitzend, im Schutz des Streifenwagens ihre Präsenz.«

Rajvinder fährt für zwei Monate nach Indien; seine Mutter lieg im Sterben. Er wirkt angeschlagen, lebt wie ein Mönch, mit viel Wein und gutem Essen – das darf er sich wegen seiner gesundheitlichen Probleme eigentlich nicht erlauben – und ohne Frau. »Ich hab mich gerade verliebt, und nun muss ich weg.«

Das Gespräch mit Rajvinder erinnert mich daran, dass ich etwas im Bulletin vom »Zentrum Demokratische Kultur« über das seltsame Verhalten der Polizei gelesen habe. Ich suche den Text. Es war nach dem Überfall auf die Rheinsberger Schulklasse am See in Binenwalde, als anrückende Skins der Umgebung ein »Judenfeuer« veranstalten wollten. Da versuchten zwei Schüler, die sich davonschleichen konnten, die Polizei zu alarmieren. Die Beamten auf der Oranienburger Wache aber gähnten nur ins Telefon, sie seien kein Taxiunternehmen, die Schüler sollten selbst sehen, wie sie nach Hause kämen. Als die nach der Telefonnummer der Rheinsberger Wache fragten, hieß es variationsreich, man sei keine Telefonauskunft. Eine Mutter rief indessen die Polizei in Neuruppin zu Hilfe. Zwei Polizisten erschienen auch, nahmen aber nur die Personalien der Rechten auf und kontrollierten ihre Fahrzeugpapiere. Die Beamten gingen schließlich mit der Bemerkung vom Platz: »Das sind Kinder, die müssen sich halt austoben.«

Eltern in Westdeutschland wären nach so einem Vorfall mit Sicherheit auf die Idee gekommen, gegen die Beamten der Oranienburger Wache eine Dienstaufsichtsbeschwerde und Strafanzeige wegen unterlassener Hilfeleistung einzuleiten. Oder einen gemeinsamen Brief an einige Politiker zu schreiben. In den neuen Bundesländern noch nicht – Auswirkung des früheren Obrigkeitsdenkens.

Die Polizei von Rheinsberg ist aber offenbar doch ein Taxiunternehmen. Peter Böthig hat mir erzählt, dass nach seiner Gerichtsverhandlung in Neuruppin Polizisten Mircos Freunde, die als Zeugen geladen waren, gefragt haben, ob sie mit nach Rheinsberg zurückfahren wollten. Peter Böthig hat, vielleicht als erster in Rheinsberg, eine Dienstaufsichtsbeschwerde eingeleitet. Solche Kumpanei ginge nicht, sagte er. Autorität sei nur mit Distanz möglich. Die Polizei aber zeigt gegenüber Rechten selten Autorität. In den Wäldern wurden Übungen der Wehrsportgruppen von Polizeibeamten mit Bedauern, äußerster Höflichkeit und freundlichem Bitten aufgelöst. Aus vielem spricht Angst der Polizisten. Im August, als in Angermünde Rechtsradikale zwei Koreaner angegriffen hatten, wurde ein Polizist zusammengeschlagen: Kopfverletzungen, Wirbelsäulenprellung. Die Machtverhältnisses verschieben sich unbemerkt. Ein Prozess, der den Rechten mehr und mehr das Terrain überlassen wird. Oder hat das nun Folgen auf die Einstellung der Bevölkerung, wenn inzwischen auch Polizisten betroffen sind? Umdenken? Oder noch mehr Angst?

Um diese Situation zu verändern, wurde Anfang des Jahres 1998 die MEGA, ein »Mobiler Einsatztrupp gegen Gewalt und Ausländerfeindlichkeit« ins Leben gerufen. Sie soll die etwa 40 rechtsgerichteten Gruppierungen und ihre Treffs in Brandenburg gezielt beobachten und präventiv fremdenfeindliche Taten verhindern.

Rufe Georg an. Er hat sich, scheints, an mein sachliches Verhältnis zu ihm gewöhnt. Erzählt mir, er habe vielleicht eine Wohnung mit Zentralheizung und Bad gefunden. Ich frage ihn, was das mit der Domina bedeuten sollte. Er wieder lachend: »Ach was, Alte, ich halte es mehr mit Nietzsche: Wenn du zum Weibe gehst, vergiss die Peitsche nicht.« – »Pass auf, mein Sohn«, sage ich, »dir wachsen gleich Pfauenfedern am Hintern.« Der Typ macht mich wahnsinnig. Na gut, wenn er nicht anders kann. Folgt eine Jammer-Tirade; der Drachentöter hat Schnupfen, »bin kaputt wie Hulla«, keine Ahnung, wer Hulla ist. Rede besser mit ihm über das, was ich gerade mit Rajvinder besprochen habe. Georg hat noch von einem anderen Vorfall erfahren, natürlich aus dem Fernsehen; ich habe davon hier schon munkeln hören: Eine Berliner

Schulklasse aus Kreuzberg hat in der Nähe von Rheinsberg gezeltet und wurde nachts von Rheinsberger Jugendlichen überfallen. In dem ehemaligen Pionierlager steht nach 16 Uhr kein Telefon zur Verfügung. Einer der Lehrer hatte aber glücklicherweise ein Handy dabei und verständigte die Polizei. Die sagt aber nur, eine andere Dienstbehörde sei zuständig, aber sie würden die Jungs kennen, sie seien nicht weiter problematisch. Die Schule in Kreuzberg hat etwas später die Klasse aus Rheinsberg eingeladen, in die einige der Jugendlichen gehen, die an dem Überfall beteiligt waren. Die Rheinsberger sagten hinterher, sie hätten eine Art Spießrutenlauf erlebt; schon als sie ankamen, hätten die türkischen Schüler sie wie Nazis behandelt. Die Rheinsberger, in die Enge getrieben, wiesen alle Vorwürfe von sich und taten die Angst der Kreuzberger ab. »Nicht alle Rheinsberger sind so, unsere Eltern haben auch Angst, wenn wir nach Kreuzberg fahren, et cetera« Eine Lehrerin der Kreuzberger bat um Verständnis für die Angst ihrer Schüler nach dem Überfall. Kein Erfolg. Unversöhnliche Positionen auf beiden Seiten. Es war keine wirkliche Verständigung möglich. Diese Diskussionsveranstaltung hat die Fronten nur verhärtet. Und immer müssen gleich die Medien zur Stelle sein und das Fiasko auch noch dokumentieren.

Als Reizthema wirkt diese Erfahrung in Rheinsberg noch heute nach. Die Kränkung taucht immer wieder in Gesprächen auf; man ist beleidigt, trotzig, fühlt sich in die Enge getrieben und schlecht gemacht. Aber so einfach können sie es sich nicht machen.

Schon in den 6. und 7. Klassen der Rheinsberger

Schulen herrscht der rechte Mainstream. Der Vater einer Schülerin erzählte mir, ein russischer Junge, Zuwanderer, sei grundlos zusammengeschlagen worden. Immerhin haben einige ältere Schüler die Schläger später aufgefordert, so etwas nie wieder zu tun, da sie notfalls auch bereit wären, den Jungen mit Gewalt zu verteidigen. Von einem anderen Rheinsberger habe ich erfahren, dass ein Sechsklässler von Mitschülern gewürgt wurde, weil er sich geweigert hatte, »Ausländer raus!« zu rufen.

Solange die Rheinsberger nicht wirklich mit Ausländern konfrontiert sind, tagtäglich, können die ehrbaren Bürger der Stadt immer noch guten Gewissens behaupten, Rheinsberg sei nicht ausländerfeindlich.

Allerdings, auf dem Wochenmarkt stehen reichlich Pakistani mit Klamottenständen. Sie kommen jede Woche wieder, und bisher ist ihnen nichts passiert. Renne ich einer Schimäre nach? Bilde ich mir vielleicht doch alles nur ein? Als ob nichts sei.

Gespenstisch.

Die Podiumslesung in der »Rau-Schule« für Ende November wird organisiert. Die Jugendfilmreihe ist auch auf dem Weg. Die Lesung in der Klasse von Karolins Tochter steht fest. Ein schönes Bündel meiner Initiativen entsteht.

Die Langstreckenläuferin ist nach der Aufwärmphase in Fahrt.

Am Abend blaut der Himmel.

2./3. Oktober

Ein Traum von Freitag Nacht: Georg liegt nackt und ohnmächtig auf dem kalten Kachelfußboden eines Bades. Ist er verletzt? Nein. Ich beuge mich über ihn, er kommt zu sich, steht auf, lacht. Hat mich schon wieder gefoppt. Ich werde aus dem Herrn nicht schlau.

Tag der Deutschen Einheit und der Geburtstag meiner französischen Freundin Manon. Sie hat mir erzählt, dass in Frankreich am 3. Oktober 1940 die ersten Diskriminierungsgesetze gegen Juden verabschiedet wurden.

Berlin im Goldlicht. Spiele mit den Kindern auf dem Viktoria-Luise-Platz Boules. Der Brunnen sprudelt, Sonnenstrahlen funkeln in ihm, in der Stadt macht das schöne Wetter von sich reden, immer mehr Kinder, Hunde, Pärchen umkreisen den Platz. Wir müssen die Boules-Kugeln einsammeln. Manch einer isst Eis. Auch Ruben und Olga. Beschließe, auf der Stelle mit dem Rauchen aufzuhören. Die Kinder sind Zeugen, ich werfe die fast volle Schachtel in den Papierkorb. Basta. Für jede Schachtel Zigaretten, die ich nicht kaufe, werde ich mich mit Blumen belohnen. Das hieße im Moment zwei Sträuße pro Tag. Wird zu teuer. Also zwei pro Woche. Und bloß nicht nur essen und dick werden.

4. Oktober

Bin in die erste Radarfalle geraten. In Sommerfeld. Nur einen Moment auf die Felder links geschaut und nicht gemerkt, dass die ach so gerade Landstraße flugs zur Ortschaft wurde, fünf, sechs Häuser nur, und Blitz, und 180 DM weg.

Brandenburger Dörfer wirken im Regen so trostlos. Die Landstraßen führen meist schnurstracks durch sie hindurch, es stehen ein paar DDR-graue Häuser links und rechts, dazwischen eine schlichte Kirche, das war's. Immer dasselbe Bild. Wahrscheinlich lauter verarmte Gemeinden. Was für ein Widerspruch zur Pracht des geputzten, aufgeräumten Rheinsberg! Soll man sich da wundern, dass die Rheinsberger glauben,ihre Stadt sei etwas Besseres? Vor vielen Lokalen, Konditoreien, Läden zeigt sich ein wachsendes, blühendes Selbstbewusstsein. Etwa in Gestalt herrlicher Rosenstöcke. Rheinsberg macht sich schön, öffnet sich so auch. 600 000 Besucher kommen pro Jahr in die 5000-Einwohner-Stadt. Die Dörfer drumherum aber liegen verschlossen, abweisend und wie konservierte DDR-Zeit. Einige Gemeinden und die größeren Orte übernehmen schon einigen Glanz; es gibt eine hübsche Teestube im drei Kilometer entfernten Gransee oder die Galerie »Ginkgo« in Zempow. Doch überall der Eindruck, die lustigen, lauten Touristen passen schlecht zur depressiven Stimmung der Bevölkerung. Wenn ich länger hinschau', seh' ich nur Widersprüchliches.

Ich denke über eine Brandenburger Marktlücke nach. Warum gibt es im bezaubernden, anmutigen Rheinsberg eigentlich keinen Dessous-Laden? Jedenfalls keinen, den man ernsthaft so nennen könnte. In allen Brandenburger Ortschaften habe ich Läden entdeckt, die eher schnöde Unterwäsche anbieten. Ich finde, ein Dessous-Laden würde sich gut in Rheinsberg machen.

Habe vor kurzem in Berlin mit Torsten darüber gesprochen, der gerade seinen Job als Kulturmanager gekündigt hat und nach eben solch einer Marktlücke sucht. Er winkte nur ab. Zwar hätte auch er schon an einen Dessous-Laden gedacht, aber nicht in Rheinsberg. »Warum nicht?« – »Die Brandenburger kaufen keine Dessous! Dafür fehlt die Tradition.« Damit könnte er Recht haben, bei dem Anticharme der Gegend. In Leipzig, erzählte er, da habe er einen aufregenden Laden entdeckt, mit Kabinchen, wo man unten die Beine der Frau sehen konnte und oben den Kopf, so was fände er animierend. In Sachsen verstünde man etwas davon, aber nicht in Rheinsberg. Warum nicht, frage ich noch einmal. Zumindest die Touristen könnten doch …? »Während eines Familienausflugs kauft man keine Dessous. Das ist nicht der Moment, um Dessous zu kaufen.« Ich überlegte. »Man kauft sie nur für die Geliebte?« Schweigen. Dann: »Ja.« Also nicht Claire und Wölfchen in Rheinsberg? Torsten wurde plötzlich rigoros. »Dessous kauft man auf Flugplätzen.« Ach so. Er muss es ja wissen.

Je mehr ich darüber nachdenke, desto überzeugender finde ich die Vorstellung, demnächst in Rheinsberg einen Dessous-Laden zu sehen. Ja, was eigentlich sonst? Einen Buchladen im Schloss? Und das Bordell, das geschlossen wurde? Sollte man das nicht wieder eröffnen? Und Aikido-Kurse? Die sollte man anbieten. Gewalt verstehen, Gewalt lernen, enthemmte Gewalt dämmen. Therapeuten könnten sich hier niederlassen, ja, unbedingt. Muss einmal im Telefonbuch nachgucken, ob es in Rheinsberg einen Psychologen oder Ähnliches gibt, Suchtberatung, Familienhilfe, Kindernotdienst und Ähnliches.

Es geht bei dem Komplex Gewalt gegen Ausländer nicht um *den* Ausländer, sondern um *das* Andere. Also auch um das Weibliche. Um die beängstigenden Dämonen in der eigenen Seele, das Chaos des Unbewussten, das Angst auslöst. Für das man keine Namen, keine Gesichter hat. Die DDR-Gesellschaft hat alles Böse nach außen verlagert: Feindbild Westen und Kapitalismus. Wir wurden von klein auf zum Hass auf einen politischen Gegner erzogen, den wir nicht kannten. Der Klassenfeind. Das kriegstreiberische kapitalistische Ausland. (Jetzt werden die Feindbilder auf alles Fremde übertragen. Die eigenen unbekannten negativen Kräfte werden unterdrückt.) Enormer psychischer Druck entsteht. Die Angst vor dem eigenen Fremden entlädt sich jetzt, wird projiziert nach außen, im Fall Rechtsradikalismus ins nicht Deutsche, weil Ostler ja nun wirklich kaum Fremde kannten in der erzwungenen Isolation. Eine homogene, »reinrassige« Welt, wie Hitler sie sich nicht besser hätte wünschen können, in der bis heute die Alltagserfahrungen mit Ausländern fehlen, durch die man Vorurteile abbauen oder relativieren kann. Das Andere außerhalb des Selbst hat viele Namen und Gesichter, auf die man die unbewussten Ängste projizieren kann: Ausländer, Jude, Frau, Behinderter. Denn schreiben nicht gerade die Skins mit ihren chaotischen, gewaltbereiten Seelen Ordnung und Sicherheit auf ihre Fahnen, sie, die Unordnung und Unsicherheit, Angst und Schrecken verbreiten? Im Grunde ist das abgewehrte Weibliche die Urangst gerade dieser männlichkeitsbetonten Penisköpfe. Also, ich denke, ein Dessous-Laden für Rheinsberg wäre genau richtig. Und ansonsten mehr Chaos ins aufgeräumte Städtchen.

Das kann allerdings noch dauern: »Freier Bürger auf freier Scholle« titelt die »MAZ« in ihrer Wochenendausgabe, zum Feiertag der Deutschen Einheit.

In Schwerin wurde vor ein paar Tagen ein sechzehnjähriges Mädchen an Krücken von zwanzig (!) Skins überfallen und geschlagen. Als ich noch zögerte, nach Rheinsberg zu gehen, haben einige Bekannte in Berlin gesagt, ich sollte mir keine Sorgen machen, Frauen blieben unbehelligt, es handle sich wohl wie bei Tieren nur um einen Reflex auf fremde Männchen. Das habe ich damals schon nicht überzeugend gefunden. Keine Frauen? Keine Behinderten? Die Fakten sprechen dagegen.

Ein Spaziergang durch den Regen. Frisch geduschtes Rheinsberg, das aussieht, als sie hier alles »in Schuss«. Kann keinen einzigen Menschen entdecken. Begrüße also einige der steinernen Gesellen: die Obstfrau

»Pomona«, die mir am Schlosseingang zur Stadt ihre Früchte anbietet. Friedrich der Große hält ein Buch von Voltaire in der Hand. Das Denkmal des Kronprinzen wurde übrigens 1950 entfernt und erst 1995 wieder aufgestellt. Dann majestätisch und durchaus locker Apollo; er schaut durch die Kolonnaden dem Schloss entgegen; seltsam nur, und das fällt mir erst jetzt auf, dass er vorn nackt ist, hinten aber, zur wilden Seeseite, züchtig bedeckt.

»Freie Heide statt Bomben«, Aufschriften an Mauern, Plakate und Flugblätter an Bäumen, Aufrufe zur fünfzigsten Protestwanderung. Was bedeutet das? Karolin erklärt es mir: Bei Wittstock, nördlich von Rheinsberg gelegen, befindet sich ein riesiges Areal, ein ehemaliger Truppenübungsplatz der Russen. Es wurde von der Bundeswehr übernommen. Ich fahre ausnahmsweise den Umweg über Wittstock zurück nach Berlin und schaue mir das Gelände an: Millionen von Tannen in Reih und Glied dicht beieinander und das ganze Gelände über Kilometer eingezäunt.

Dann, an der Straße Richtung Neuruppin Schilder: »Ende des Gefahrenbereichs«.

7. Oktober

Heute wurden in Berlin unsere drei Fahrräder vor dem Haus geklaut, alle drei. Und nicht nur unsere. Am hellen Vormittag. Es gibt mehrere Zeugen, einer hat sogar vom Balkon aus den Diebstahl fotografiert. Ein großer Mann mittleren Alters soll nacheinander die angeschlossenen Fahrräder über die Straße zum Asylantenheim getragen haben. Ein Schwuler aus unserem Schwulenhaus hat daraufhin sofort die Polizei angerufen. Die aber hat gefragt, ob ihm die Fahrräder gehörten, und als er verneinte, meinten sie, dann könnten sie auch nichts machen.

Zwei Stunden später komme ich vom Zahnarzt zurück und rufe die Streife. Ich stehe mit den beiden Polizisten vor dem Asylantenheim, sage ihnen, da drin sind die Fahrräder, und sie erklären mir, sie dürften nicht hinein. Warum nicht? Weil sie nicht wüssten, in welcher Wohnung die Fahrräder sich befänden. Sie dürften nicht das ganze Heim durchsuchen. Nur wenn ich einen begründeten Verdacht hätte, in der oder in der Wohnung seien die Fahrräder, könnten sie diese spezielle Wohnung durchsuchen. Ich muss eine Anzeige machen. Gut, ich sage ihnen, was sie wissen wollen, sie nehmen den Fall ordnungsgemäß auf. In ein paar Tagen kriege ich dann Fragebögen zugeschickt, sagen sie, die sollte ich ausfüllen, und man werde weitersehen. Ja, dann sind die Fahrräder weg. Es fahren hier nachts öfter VW-Busse mit Potsdamer Kennzeichen vor, erzähle ich ihnen, die werden schnell vollgeladen, und wenn unsere Fahrräder heute Nacht weggebracht werden, dann sind sie weg. Jetzt sind sie noch da, und zwar da drin. Gehen Sie endlich rein, und holen Sie meine Fahrräder raus! Die Polizisten schütteln den Kopf. Ich habe den Eindruck, die Asylanten, die uns beobachten, lachen sich kaputt über mich, und ich könnte schreien vor Wut. Ich bin eine allein erziehende Mutter, verdiene verdammt wenig Geld, werde beklaut, 1500 DM sind weg, ein Monat Rheinsberg, und die Polizei tut nichts. Olga und Ruben hüpfen aufgeregt um mich herum, reden auf mich ein, sehen das Ganze als eine Art Krimi, als ein Abenteuer und wollen »Emil und die Detektive« mit mir spielen. Schließlich ist der Nollendorfplatz nicht weit. Ich aber denke, als die Streife wieder wegfährt, es ist was faul im Staate.

Elke, die ich unmittelbar nach dieser Polizeiposse auf der Straße treffe, sie ist die Mutter eines Mitschülers von Olga, erzählt mir von einer Gerichtsverhandlung, auf der der Kläger, der bestohlen worden war, von Asylantenheim gesprochen hatte und sich daraufhin vom Vorsitzenden des Gerichts belehren lassen musste, es hieße Asylbewerberheim.

(Die Fotos, die der Zeuge von seinem Balkon aus gemacht hatte, waren zu unscharf, um jemanden identifizieren zu können. Ich habe sie trotzdem später mit den Fragebögen an die Polizeidienststelle geschickt. Ich weiß inzwischen auch, wer der Dieb ist, und die Polizei weiß es auch, es gab ja genug Zeugen. Der Mann arbeitet im Büro des Heimes. Nur, von der Polizei und den Fahrrädern habe ich nie mehr etwas gehört.)

Natürlich spricht sich das unter den kriminellen Asylbewerbern schnell herum, und natürlich nutzen sie die günstigen Gegebenheiten. Und das wiederum schürt auch nur wieder Ausländerhass.

8. Oktober

Perlenketten von Wildgänsen unterwegs; Kaminzeit beginnt; noch mehr Rot an den Bäumen. Schwarz und schwer hängen die Holunderbeeren an den Sträuchern. Seltsam still steht die Luft, klar und still; leise ist es in Rheinsberg. Herbststürme, nein, noch nicht, eine Ruhe in der Natur, die sich über die Stadt legt, beruhigt. Sanftes Rheinsberg. Heut sag ich Du zu dir! Es ist schön, wieder hier zu sein.

Freundlich öffnet mir die Stadtschreiberwohnung, sie hat ein paar Tage auf mich gewartet. Spüre immer mehr die Vorteile des Pendelns. Auf der Fahrt nach Rheinsberg lasse ich schon, wenn ich bei Kremmen von der Autobahn herunterfahre, den Berliner Alltag, die Hektik und Anspannung des Familienlebens und der Großstadt hinter mir. Ich freue mich auf ein paar Tage allein mit Arbeit und Spaziergängen, Nachdenken und Konzentration, auch auf die Stille und die Landschaft. Zurück dann wieder die Freude auf die Kinder, auch auf Berlin und eine Pause von Rheinsberg. Ich genieße die zwei Leben, die zwei Welten. Ich wollte das nicht ewig machen; aber Rheinsberg ist eine feine Sache.

Ich rufe in der Bibliothek an. Gestern Abend lief der erste Film der Halbstarkenfilmreihe, die Yvonne und ich ins Leben gerufen haben. Die Idee ist mir gekommen, als ich hörte, dass es in Rheinsberg kein Kino gibt. Erst 30 km entfernt, in Neuruppin, das nächste. Yvonne, völlig unkompliziert, war sofort bereit, die

Idee in die Tat umzusetzen; sie stellt einen Raum der Bibliothek zur Verfügung, besorgt einen Beamer und kümmert sich um die restliche Organisation. Aber welche Filme? Die Jugendlichen wollen neue Filme sehen, gut, das verstehe ich. Aber die sind zu teuer, das können wir nicht bewerkstelligen. Zunächst dachte ich an Filme zum Thema Nationalsozialismus, Fremdenfeindlichkeit, et cetera. Befürchtete aber, wohl zu recht, das Didaktische würde abschrecken. Dann fiel die Entscheidung, Filme auszuwählen, die die Jugendlichen etwas angehen und die sie selten oder nie zu sehen bekommen: »Denn sie wissen nicht, was sie tun«, »Die Faust in der Tasche«, »Der Mann mit der Schlangenhaut«, überhaupt die frühen Marlon-Brando-Filme, »Rocco und seine Brüder«, »Vitelloni« – eben Halbstarkenfilme, mit deren Helden sich Jugendliche identifizieren können, und die Orientierungen in ausweglosen Situationen zeigen. Und wenn es nur die Möglichkeit wäre, weggehen zu können wie in »Gilbert Grape«. Gestern also »König der Fischer«, ein schöner Film, über den Zynismus der Medien, der zu Gewalt von Jugendlichen führt, und dem Reich der Phantasie jenseits von Zynismus.

Eintritt 2,– DM. Das ist nicht zu viel. Zwei Praktikanten der Bibliothek haben Handzettel mit dem Text angefertigt, den ich über den Film gefaxt hatte. Ob es was genützt hat, die Handzettel zu verteilen? Nein, es hat nichts genützt, sagt Yvonne. Zwei Leute waren da. Vielleicht die beiden Praktikanten? Ich frage nicht weiter nach. Freue mich, dass Yvonne lacht, nicht aufgeben, weitermachen will.

Morgen muss ich in die Schule, werde die ersten beiden Stunden in der 10. Klasse von Karolins Tochter Maria mit Lesung und Diskussion über Rechtsradikalismus bestreiten. Einer der Schüler in der Klasse sei an dem Überfall auf die Berliner Schulklasse in der Nähe von Rheinsberg beteiligt gewesen. Ich bin noch nie von einer Schülerin eingeladen worden, bisher waren es immer Lehrer oder Direktoren. Und Maria hatte es wohl nicht leicht, ihren Lehrer von der Initiative zu überzeugen. Um so mehr freue ich mich darauf. Die Klasse hat übrigens, wie mir Karolin erzählt, von der Schule das Angebot erhalten, in der 13 km entfernten Jugendbildungsstätte Flecken-Zechlin eine Woche ein Seminar über Rechtsradikalismus zu besuchen oder, alternativ, nach Bayern zu fahren. Na, wofür haben sich wohl die Schüler entschieden? Gut, dann werde ich sie halt mit dem Thema beglücken.

Auf der Autobahn hatte ich einen schönen Einfall. Ich werde die Klasse diesmal anders aus der Reserve locken, als ich es bisher an den Berliner Schulen gemacht habe.

Seit die Initiative »Courage gegen Fremdenhass«, von Berliner Schriftstellern und Künstlern nach den Ereignissen in Hoyerswerda ins Leben gerufen, Veranstaltungen anbietet, habe ich in den letzten fünf Jahren an den unterschiedlichsten Schulen gelesen, im Ost- und im Westteil Berlins, in Klassen verschiedenen Schultyps und verschiedener Altersstufen. Die Schüler sind für die Abwechslung vom Schulalltag dankbar, auch ist die Literatur ein guter Weg, mit ihnen ins Gespräch zu kommen. Genug Ausfallstunden gibt es ja. Ich erinnere mich, dass ich in meiner Schulzeit begeistert war, wenn eine Stunde ausfiel, weil ein Lehrer krank war und dann ein anderer in unsere Klasse kam und uns etwas vorlas. Ich lese meist aus eigenen Geschichten vor: über Jugendliche und ihre Pubertätsprobleme, über meine Flucht aus der DDR nach Westberlin oder über das Leben in Paris eines ungarischen Freundes und Juden und seine Emigrationserfahrungen. Manchmal Gedichte. Auch Auszüge, z. B. aus Horváths »Jugend ohne Gott«.

Die Aufmerksamkeit ist bei den Lesungen immer groß. Aber die Klassen im Ostteil zeichnen sich hinterher, anders als die im Westteil, die recht diskutierfreudig sind, durch eine Mauer des Schweigens aus, die nur schwer zu durchbrechen ist. Ich habe deshalb inzwischen meine Strategien entwickelt. Als erstes sammle ich mit ihnen alle Vorurteile gegen Ausländer, die uns einfallen. Ich ermuntere sie regelrecht, die Sau rauszulassen. Und Vorurteile kennen sie alle, auch wenn es nicht ausgesprochen die eigenen sind: Ausländer nehmen uns Arbeitsplätze, Wohnungen, unsere Frauen weg; sie sind kriminell, sie sind dreckig, sie stinken nach Knoblauch, sie hören laute Musik, sie sprechen nicht unsere Sprache, verstehen uns also nicht, sie gehören nicht zu unserer Kultur, sie vermischen das deutsche Blut mit fremdem, und so weiter. Meistens kommen dann genug Gegenargumente aus der Klasse selbst, in der Regel von den Mädchen, heftige Debatten zwischen einzelnen Schülern sind im besten Fall die Folge. Manchmal helfe ich mit Informationen. Zum Beispiel, dass es schlichtweg nicht wahr ist, dass Ausländer krimineller seien als sogenannte Einheimische. Darüber gibt es Fakten, und die teile ich mit. Zur Entspannung frage ich schließlich, wann sie sich selbst schon einmal über Ausländer geärgert haben und spare auch nicht mit eigenen Erfahrungen. Selbst die Gehemmten melden sich dann zu Wort. Auch über diese eigenen Vorbehalte gegenüber Ausländern lässt sich streiten, und das tun wir dann auch. Ist es zum Beispiel wahr, dass besonders Türken Mädchen anmachen? Ausländer sind keine besseren Menschen, einige machen mitunter Mädchen an, stehlen oder prügeln sich gern, wie auch manche Deutsche. Aber *der* Türke, *der* Deutsche?

Allein dadurch, dass ich mit ihnen Fremdenhass thematisiere, werden die verschiedenen Positionen innerhalb der Klasse klarer, Haltungen werden provoziert und zum Teil offen gelegt. Ich gebe einige Stichworte zur Erklärung von Vorurteilen und Gewalt gegen Ausländer vor: diffuser Hass, Unkenntnis, Angst vor dem Fremden, Gruppendruck, »Deutschtum«, Minderwertigkeitsgefühle, Langeweile, Leere, Alkohol, die Asylantendebatte der Politiker, Stimmungsmache der Presse, Nachgeplapper der Vorurteile von Eltern und Großeltern, der Nationalsozialismus, Geschichte des Antisemitismus, und so weiter. Im Ostteil spreche ich auch über die antifaschistische Erziehung in der DDR und ihre negativen Auswirkungen, den geringen Ausländeranteil und den Nachholbedarf an Reisen und Fremdsprachen.

Wenn die Diskussion dafür Raum bietet, informiere ich über organisierte Rechtsradikale und ihre Methoden, Jugendliche anzuwerben. Da das Vorgehen dieser Anwerber, meist Westler, bekannt ist, halte ich es für notwendig, die Schüler darüber aufzuklären. Schwule Neonazis mit Plastiktüten voller Flugblätter am Rande von Fußballplätzen.

Normalerweise bitte ich dann die ausländischen Schüler der Klasse (im Westteil gibt es immer welche) zu erzählen, seit wann sie in Deutschland leben und wie sie oder ihre Eltern hergekommen sind. Ich frage die Schüler, was sie über das Land ihres Mitschülers wissen. Es kommt öfter vor, dass auch einige deutsche Kinder von ihren Auswanderungs- oder Fluchterfahrungen (aus der DDR) beziehungsweise denen ihrer Eltern berichten und sich so die Grenzen des Fremdseins verwischen.

So weit kommt es in den Ostklassen aber im allgemeinen nicht, weil es meistens gar keine ausländischen Schüler gibt. Ich weiß von Karolin, dass auch in die Klasse ihrer Tochter kein einziger Ausländer geht. So bleibt die Diskussion über Vorurteile gegenüber Ausländern da meist recht abstrakt – wie die Vorurteile selbst auch. Bleibt der Versuch, für Zivilcourage gegen Gewalt an Ausländern zu werben. Das ist tatsächlich schwierig, da mutiges Einschreiten in Gefahrensituationen angesichts der berechtigten Angst vor Rechtsradikalen den Schülern oft zu gefährlich erscheint. Ich kann niemanden ermutigen, ein Held zu sein. Aber ich kann versuchen, das Unrechtsbewusstsein zu wecken, das nicht immer und selbstverständlich vorhanden ist.

Einmal diskutierte eine Klasse in Pankow mit mir, ob das Anzünden von Asylantenheimen nicht »nur« Gewalt sei und keine kriminelle Tat. Ebenso Totschlag oder versuchter Totschlag. Es hat mich erstaunt, wie unklar mitunter die Grenzen des Tolerierbaren sind: Das Knacken eines Autos sahen Schüler als strafbare Tat an, das Erschlagen eines Menschen aber als Betriebsunfall eines Streits. Seit damals suche ich nach den Ursachen für solche Laxheit und rede verstärkt mit Jugendlichen über Recht und Unrecht. Ich frage mich auch, woher die Schüler die Maßstäbe dafür haben können, wenn das Elternhaus sie nicht vermittelt, ob dies zum Beispiel in den Unterrichtsfächern Religion oder Ethik Thema ist. Solange dies Unrechtsbewusstsein nicht ausgeprägt ist, macht es wenig Sinn, Schüler zum Einschreiten gegen Gewalt anzuhalten. Sicher helfen Kunst und Literatur, das Empathievermögen, das ja eine Phantasieleistung ist, zu wecken und zu stärken. Was bedeutet es, jemandem Schmerzen, Demütigungen zuzufügen? Manch eine Klasse kam mir wie ein trockener Schwamm vor. Und im Übrigen hatte ich bisher immer den Eindruck, die Schüler fühlen sich ernst genommen, wenn man mit ihnen über die Regeln des zivilen Zusammenlebens spricht.

Nebenbei können die Lehrer bei dieser Gelegenheit einige ihrer Schüler neu kennen lernen. In einer siebten Klasse, zum Beispiel, es war, glaube ich in Rudow, war ein Junge mit einem Sprachfehler besonders gut informiert. Er erzählte klug, aufgeschlossen und herzhaft über Diskriminierungen von Ausländern in der Fabrik, in der sein Vater arbeitet. Hinterher sagte mir die Lehrerin, sie hätte gerade bei diesem Jungen, der in Deutsch einer der schlechtesten sei und sich so gut wie nie am Unterricht beteilige, ein rechtes Elternhaus vermutet. Das Gegenteil war der Fall. Offensichtlich rührte die schlechte Deutschnote bei ihm von dem Sprachproblem (er suchte oft lange, aber tapfer nach einfachen Worten), das die Lehrerin nach meinem Besuch in der Klasse von einem Therapeuten behandeln lassen wollte.

Was wird diese erste Schulklasse, mit der ich in Brandenburg diskutiere, zu den Vorfällen gegen Ausländer sagen? Und wissen die Schüler überhaupt davon? Und werden sie den Mund aufkriegen?

Die neue Idee, die mir auf der Autobahn einfiel, ist die, sie diesmal selbst einen Text schreiben zu lassen. Sie sollen sich vorstellen, mit ihren Eltern ins Ausland ziehen zu müssen. Die hätten dort Arbeit gefunden. Wohin, in welches Land, können sie sich aussuchen. Wo sie immer schon einmal hinwollten. Und die Art Text steht ihnen auch frei. Es kann ein Brief nach Hause sein, an die Oma oder Freunde in Rheinsberg, oder eine Tagebuchnotiz, ein Gedicht, ein Dialog. Die einzige Vorgabe, die ich machen werde, ist, dass sie sich vorstellen sollen, sie wären in diesem Land nicht erwünscht, dass man ihnen dort feindlich gesonnen sei. Einfühlungskraft durch Schreiben wecken. Im Übrigen erwarte ich von einer Schulveranstaltung nicht mehr als von einer Flaschenpost. Gut, wenn sie auch nur einen erreicht …

Jetzt aber möchte ich nur hinaus in den Park. Tucholskys Text »Die fünfte Jahreszeit« fällt mir ein, Tucholsky, der immer links oder rechts an meiner Seite geht: *»Eines Morgens riechst du den Herbst. Es ist noch nicht kalt; es ist nicht windig; es hat sich eigentlich gar* *nichts geändert – und doch alles. Es geht wie ein Knack durch die Luft – es ist etwas geschehen; so lange hat sich der Kubus noch gehalten, er hat geschwankt … na … na …, und nun ist er auf die andere Seite gefallen. Noch ist alles wie gestern: die Blätter, die Bäume, die Sträucher … aber nun ist alles anders. Das Licht ist hell, Spinnenfäden schwimmen durch die Luft, alles hat sich einen Ruck gegeben, dahin der Zauber, der Bann ist gebrochen – nun geht es in einen klaren Herbst. Wie viele hast du? Dies ist einer davon. Das Wunder hat vielleicht vier Tage gedauert oder fünf, und du hast gewünscht, es soll nie, nie aufhören. Es ist die Zeit, in der ältere Herren sehr sentimental werden – es ist nicht der Johannestrieb, es ist etwas anderes. Es ist: optimistische Todesahnung, eine fröhliche Erkenntnis des Endes. Spätsommer, Frühherbst und das, was zwischen ihnen beiden liegt. Eine kurze Spanne Zeit im Jahre.*

Es ist die fünfte und schönste Jahreszeit.«

9. Oktober

Ich werde am Morgen von drei Mädchen der Klasse vor der »Heinrich-Rau-Schule« erwartet, Maria ist unter ihnen. Warum fängt ihr Unterricht schon zehn vor acht an? Sehr preußisch. Die Hakenkreuze in der Sporthalle sind übermalt worden, versichert man mir. Das freut mich. Aber doch nur, weil die Schule eh renoviert wurde? Es wurde vor kurzem Geld für die Renovierung der Schule gesammelt, das habe ich zufällig mitbekommen. Als ich die Schüler auffordere, den Text zu schreiben, legen die meisten los. Aber ein paar sehen mich ratlos an. »Ich kann mir das nicht vorstellen, ich war noch nie woanders.« Damit habe ich nicht gerechnet. Und genau das ist der Punkt. Sie kennen die Fremde nicht. Waren immer hier. Können sich nicht vorstellen, wie es ist, fremd in einem Land zu sein. Und diese Vorstellungskraft will ich wecken. Was sagt Tucholsky? »Brutalität ist ein Mangel an Phantasie.« Einfühlungsvermögen, sich vorstellen zu können, was es bedeutet, fremd zu sein. Ich erzähle zunächst das Übliche: In den neuen Bundesländern gibt es zwei Prozent Ausländer, den geringsten Anteil in ganz Europa. Ausländerhass ist hier fast nur abstrakt. In Rheinsberg leben 1 asiatische, 1 italienische und 1 türkische Familie. Das Zusammenleben mit ihnen scheint friedlich. Das sind allerdings circa 0,2 Prozent Bevölkerungsanteil. Frage sie, ob sie Probleme mit diesen wenigen Ausländern hätten. Nein. Überhaupt nicht. Zurück zum Text. Denen, die gar keine Idee haben, wohin sie auswandern könnten, kann ich mit ein bisschen Ermutigung Amerika, Kanada, China schmackhaft machen. Und womit ich dann auch nicht gerechnet habe: Wenn sie über ihre imaginierten Ängste in der Fremde schreiben, schreiben sie über ihre Ängste zu Hause. Über den Vater, der kein Ohr für ihre Probleme hat, über die schrägen Blicke im Supermarkt.

In der Diskussion stellt sich heraus, dass sie von Überfällen gegen Ausländer nichts gehört haben. Das, was ihnen einfällt, den Mädchen insbesondere, sind die Sexualverbrechen an Kindern. Und prompt folgt dann auch der Ruf nach härteren Strafen: »Kopf ab!«

Ich unterbreche diese spannende Debatte, die dazu neigt, sich zu verselbständigen. Wann sie schon einmal Probleme mit Ausländern hatten?

Ein Schüler meint, wenn er noch mal von einem Ausländer wegen seiner Springerstiefel angemacht wird, kriegt der eins auf die Mütze. Ich versuche Verständnis zu wecken für Aversionen gegen Springerstiefel: sie können Mordinstrumente sein. Erzähle von dem Überfall vor ein paar Wochen auf einen italienischen Bauarbeiter in Dedelow, der mit Springerstiefeln so sehr getreten wurde, dass er mehrere Schädelbrüche davontrug, tagelang bewusstlos war und sein Sprachvermögen wahrscheinlich für immer beeinträchtigt bleibt. Ergänze, dass der neunzehnjährige Täter sich offen zu seiner rechten Gesinnung bekannte, dass es ihm nichts ausmachen würde, wenn das Opfer stürbe und dass er nun mit einer Mordanklage rechnen müsse.

Erzähle, dass in Schwerin vor wenigen Tagen ein Mädchen, das nach einer Operation an Krücken ging, von zwanzig jungen, kahlköpfigen Männer verletzt wurde. Entgegen der landläufigen Meinung, machten sie auch nicht vor Frauen und Behinderten Halt. Und wie feige immer diese Verbrechen seien. Immer im Schutz der Gruppe, immer mehrere auf einen.

Und dann sage ich noch etwas zur Phrase »eins auf die Mütze«, die mir hier öfter begegnet. Es ist nicht die Mütze, es ist der Schädel, es ist das Gesicht. Auch über Peter Böthig sagt man immer wieder, er habe eins auf die Mütze gekriegt. Er trug keine Mütze in jener Sommernacht. Vielleicht hätte er einen Sturzhelm aufsetzen sollen, als er sich in Rheinsberg nachts bewegte.

Zum Glück hatte Mirco Sportschuhe an. Wenn es Winter gewesen wäre und Mirco Springerstiefel getragen hätte – was wäre dann gewesen?

Nach zwei Unterrichtsstunden fragen mich einige Mädchen, ob ich nicht auch noch die nächste Stunde bleiben möchte. Sie würden mit der Mathematiklehrerin, die gleich käme, sprechen. Sie hätte sicher nichts dagegen. Ja, das kann schon sein. Sie sollten aber doch erst einmal all das wirken lassen, vielleicht auch im Unterricht weiter darüber sprechen, ihre Texte fertig schreiben und mir dann bald zukommen lassen. Der Lehrer verspricht, dafür zu sorgen. Maria überreicht mir zum Abschied einen Blumenstrauß.

10. Oktober

Auf der Straße zum See, gegenüber vom »Seehof«, beobachte ich einen Polizisten, der einen Jugendlichen zusammenstaucht, er ist vielleicht sechzehn oder siebzehn Jahre alt, ein zarter, freundlicher Junge. Er hat ein buntes, abenteuerliches Gefährt bei sich, offenbar selbst zusammengebastelt, halb Fahrrad, halb Moped, es sieht erfinderisch und verwegen, aber höchst harmlos aus. Viel wird der kleine Motor am Gestell nicht hergeben, denke ich. Der Polizist aber herrscht ihn böse an, er solle das Fahrzeug sofort von der Straße schaffen, er solle ja nicht wagen, damit zu fahren, er würde es sonst aus dem Verkehr ziehen, und er, der Junge, müsste mit mindestens 1000 DM Strafe rechnen, wenn er ihn noch einmal damit erwische. 1000 DM für Phantasie. Da erfindet mal einer was und wird sofort mit Strafe bedroht, auf offener Straße von einer dümmlichen Ordnungsmacht gemaßregelt, gedemütigt; soll er doch lieber saufen, das Gefährt entspricht nicht der Norm, also muss es weg, der Junge entspricht auch nicht der Norm, die Norm ist hier, rumzuhängen. Was ist gefährlicher, das ungewöhnliche Gefährt oder ein frustrierter Jugendlicher, der nichts mit sich anzufangen weiß?

11. Oktober

C., der wirtschaftlich und politisch wichtigste Mann in Rheinsberg: Mit seinen 71 Jahren ist er der größte Unternehmer der Stadt, ihm gehört eine florierende Keramikfabrik – neben Schloss und Musikakademie eine Touristenattraktion. Er hat viel gebaut in Rheinsberg, unter anderem eine Fußgängerzone. Außerdem wirkt er im Ruppiner Land als einflussreicher CDU-Politiker. Unmittelbar nach der Wende kehrte er aus dem Westen in seinen Geburtsort zurück, hat die nach dem Krieg enteignete Fabrik seines Vaters zurückgekauft und betätigt sich nun als Lokalmatador. Ich habe ihn das erste Mal auf der Stadtverordnetenversammlung, später ab und zu in der Stadt getroffen. Jedes Mal ganz Bonvivant, galant, Komplimente alter Schule: Er möchte sich gern mit einer so schönen Dame verabreden, ich hätte Ähnlichkeit mit seiner Tochter, etc. Der kleine, runde Mann mit den dunklen Augen ist für viele hier die Verkörperung des Westens: dynamisch, mit allen Wassern gewaschen, erfahren und vermögend, voller Initiative, Schläue und

Kraft. Übrigens macht er in seinem Alter immer noch etwas her. Stattlich, behend, wach, alles andere als ein Tattergreis.

C. ist, milde ausgedrückt, bei den Streetworkern und Jugendarbeitern umstritten. Er geistert als mächtiger Drahtzieher durch die Gespräche; es heißt, er würde mit Geld alles zunichte machen, was sie mühsam aufbauten. C. habe einen Jugendclub, den die Jugendlichen nach Vorstellung der Streetworker hätten selbst renovieren sollen, auf seine Kosten picobello herrichten lassen. Die Problemkinder haben es ihm nicht gedankt, vielmehr als erstes sofort den fertigen Club demoliert; er hingegen deckt nun die Täter. Generell, so heißt es, verhindere er mit seiner Strategie, dass sie jemals selbstverantwortliches Handeln lernten. Ich kann mir keinen rechten Reim darauf machen, also werde ich mit ihm selbst sprechen. Was ist sein Interesse?

Wir sind an seinem Keramikwerk verabredet, Rheinsberger Keramik, die 200 Meter weiter in einer Halle den Touristen verkauft wird. C. zeigt und erklärt mir zunächst den Manufaktur-Betrieb, führt mich dann in sein nahes Wohnhaus, bringt Tee und Kekse. Seine Frau sei für ein paar Tage bei den Enkeln. Ich frage ihn als erstes nach Mirco. Er erzählt mir, dass der sich seit der Haftstrafe nach dem Überfall auf Peter Böthig nicht mehr hinaustraue, er bliebe zu Hause. Der Bürgermeister, der in der Nähe des Neubauviertels wohnt, habe ihn einmal zum Renovieren angestellt, damit der überhaupt irgendetwas tue. Seine Ausbildung in Dabergotz scheint auf Eis zu liegen.

C. hat die Gruppe Jugendlicher, die er um sich schart, »Rhin-Jugend« getauft, nach dem Flüsschen in Rheinsberg; sie bestehe, so sagt er, aus lauter Hilfsschülern. Mirco gehört zu ihnen. Auf den Vorwurf, er verhindere mit seinen finanziellen Unterstützungen die Eigeninitiative der Jugendlichen, erwidert er, es ginge ihm zunächst nur darum, ihnen gutes Benehmen beizubringen. Die Fremdworte »Danke« und »Bitte«, zum Beispiel, die hier in der Gegend eh kaum einer kennt. Wenn sie das ein bisschen lernten, wäre schon viel gewonnen. Ansonsten sei seine Devise: »Mit Speck fängt man Mäuse«.

Es fing damit an, dass er etwas unternehmen musste gegen die wiederholten Verwüstungen seines Betriebsgeländes an den Wochenenden. Wenn die Touristenbusse am Sonntagmorgen ankamen zu den Führungen durch die Keramikfabrik, fanden sie ein Schlachtfeld von Bierdosen und Müll vor – »wie auf St. Pauli oder im Tiergarten, wenn die Türken gepicknickt hatten«. So beschreibt er es mir. Er beschloss, mit ihnen zu reden. Seine Frau wollte ihn nicht gehen lassen, sie hatte Angst um ihn. »Sie werden dich totschlagen!« Er ging trotzdem, sprach die sieben, acht Jugendlichen an, sagte, er hätte nichts dagegen, dass sie hier feierten, aber ihren Müll sollten sie dann doch wegräumen. Sie zeigten ihm den Rücken, beachteten ihn gar nicht. »Ich habe früher mal gelernt, dass man, wenn man angesprochen wird, sich wenigstens umdreht.« Und sie drehten sich um. »Ihr könnt bleiben, ich stelle euch Container für den Müll hin, und ihr schafft ihn auch selbst weg. Ihr verlasst den Platz sauber!« So hat er mit ihnen einen Kompromiss ausgehandelt, an den sich die Jugendlichen auch gehalten hätten. Der vitale C. hat als Halbjude die Flucht vor den Nazis und später aus der sowjetischen Zone überlebt, und ich glaube ihm, wenn er sagt, er habe vor keinem Glatzkopf Angst.

Als nächstes organisierte er für die Gruppe ein Grillfest. Aber aus Berlin, von überall kamen sie her, Skins, die er nie bisher gesehen hatte; und er dachte, jeder isst vielleicht ein Steak, vielleicht zwei, aber sie aßen acht. Fraßen sich durch. C. briet und grillte, bis sein Rücken krumm war. Ich frage ihn, warum er nicht die jungen Männer hat braten lassen. Antwort: »Sie können das nicht.« Sowieso könne nur er so gute Steaks grillen. Er sagt das ohne jede Selbstironie. Natürlich lässt so jemand die Jungen auch ihren Jugendclub nicht selbst renovieren. Aber was sagt er dazu, dass die dann all das, was er ihnen fix und fertig präsentiert hat, mutwillig zerstören? Nein, das seien andere gewesen, seine Jungs waren es nicht. Er habe Beweise. Das ist Unsinn, die Stadtverwaltung kennt die Namen, und sie gehören zu seiner »Rhin-Jugend«. Aber er wird schon etwas damit erreichen, denke ich, was, weiß ich nicht. Padre Padrone. Immerhin hat er Kontakt zu der berüchtigtesten Gruppe von Rheinsberg. Und das ist schon etwas. Jeden Mittwoch Abend gibt es nun im Haus C. Bier und Brötchen, die Frau C. schmiert.

Mit Speck fängt man Mäuse. Kegelabend, Schützenverein, am kommenden Mittwoch ein Vortrag über Behinderte. Als ich ihm von unserer neuen Filmreihe erzähle, reagiert er sofort misstrauisch. »Das sind sicher Filme für Abiturienten?« Sein Komplex offenbar, weil er durch das Kriegsschicksal nicht die höhere Schule besuchen konnte. »Nein, Halbstarkenfilme.« – »Wir kommen mit Brötchen. Wie immer.« – »Ich würde mich freuen.« Lasse mich gern überraschen.

Er imponiert mir, besonders seine Großzügigkeit, andererseits hat er das Eitle und Monomanische aller Machtmenschen. Nebenbei erzählt er mir sein ganzes aufregendes Leben. Er sollte seine Memoiren schreiben.

Auf dem Weg durch die Rhin-Passage, seine Fußgängerzone und ein eigener Kommerzbezirk, begegnen uns zwei Skins, ein kleiner Dicker, ein schmaler Großer, beide pickelig, freundlich. C., ganz Vaterfigur, lädt sie ein zum Einweihungsfest einer kirchlichen Jugend-Scheune im nahen Lindow. »Es kommen auch Mädchen«, ruft er ihnen zu. Ja, sie werden kommen. So muss man das also machen! »Der Lange«, erzählt er nun, »hat vor einigen Monaten eine Arbeitsstrafe aufgebrummt bekommen; er hat sie aber, obwohl er schon mehrmals aufgefordert wurde, nicht angetreten.« Von dem Jungen, dem Laubharken angeblich zu demütigend ist, hörte ich ja schon. C. hat ihn jetzt, als er in den Knast sollte, rausgepaukt, hat ihm einen Brief diktiert, in dem er um Haftverschonung bittet mit der Zusicherung, er werde auf C.s Gelände Unkraut zupfen. Wenn er das nun auch nicht macht? Ja dann sei selbst für ihn, C., eine Grenze erreicht.

Warum heuert er eigentlich seine Jungs nicht bei sich im Betrieb an, frage ich mich jetzt, zum Kistenschleppen etwa? Oder sind die leicht zerbrechlichen Keramikteilchen vielleicht zu fragil, um sie ihnen anzuvertrauen?

Als ich mich nach der rechten Gesinnung seiner Schützlinge erkundige, winkt er nur ab. Für ihn gibt es die nicht. Er sieht auch kein Problem in den rechtsradikalen Parteien, bei den Wahlen jetzt waren sie eh weg vom Fenster. Auf dem Auge ist er also wie fast alle hier blind. Auch in Rheinsberg seien sie nicht zum Zug gekommen. Das ist wahr, gebe ich ihm recht, grob gesehen, ich sei auch sehr erleichtert, dennoch seien es in Brandenburg 6 Prozent mehr gewesen als bei der letzten Wahl, und vor allem Neuwähler wählten rechtsextrem, Tendenz steigend. Als er merkt, dass ich mich nicht so leicht abspeisen lasse, relativiert er sofort. Man muss bei ihm aufpassen wie ein Fuchs. Er habe, fährt er fort, viel mehr Angst vor Überfremdung: vor dem Osten, dem instabilen Russland, dem Islam. Wenn die alle zu uns kommen … »Nun«, erwidere ich, »diese Gefahr besteht in Rheinsberg vorläufig ja nicht, eher gibt es zu wenig Ausländer, das ist das Problem.« Sympathisiert er insgeheim mit dem Fremdenhass? Andere politische Positionen, die ich ihm als 71-Jährigem gern zugestehe. Im Grunde sind es die von fast allen hier.

Und ist C.s Interesse an den Jugendlichen nichts weiter als eine harmlose und verständliche Mischung aus politischer und väterlicher Motivation plus der des Unternehmers, der sein Gelände sauber halten will?

Tut er nicht wenigstens etwas? Er guckt nicht weg. Bei ihm finden sie die Beachtung, die sonst ja fehlt. Was werfen ihm die professionellen Jugendarbeiter eigentlich vor? Sabotage, Dilettantismus. Zeigt sich darin nicht wieder die Zerstrittenheit, von der Yvonne und K. aus dem Internet-Café sprechen? Sie, die alle an diesem Thema interessiert sind, motiviert, engagiert, sind verfeindet. Alberne Grabenkämpfe. Der Privatmann C., der Kapitalist der Kleinstadt, wagt es, ohne Diplom, ohne Auftrag und Gehalt, sich regelmäßig um ein gutes Dutzend junger Leute zu kümmern, stellt einen herzlichen Kontakt zu ihnen her, den all die bezahlten Sozialpädagogen wahrscheinlich nie zustande bekommen werden.

Eine Information, die ich nach dem Gespräch erhalte, lässt mich allerdings stutzig werden: Es heißt, C. zahle Schutzgelder an die Jugendlichen, damit sie sein Gelände nicht verwüsteten. Nicht nur Bier und Brötchen? Mit Speck fängt man Mäuse? Wenn das stimmt, züchtet dann C. eine Art Mafia in Rheinsberg heran? Da sage noch einer, die Provinz sei überschaubar!

Ich schlendere nach dem Besuch bei C. durch seine Passage und weiter durch die Stadt. Komme an einem schwarz-roten Schild mit Dreieck vorbei. Solche Schilder stehen auf der Fahrt von Kremmen nach Rheinsberg in allen Dörfern und Orten. Schilder, die an den Todesmarsch zum KZ Sachsenhausen erinnern. Sie stammen noch aus DDR-Zeiten und sind belassen worden. In Rheinsberg, denn auch durch Rheinsberg mussten die Häftlinge »marschieren«, wäre beinahe beim Bau der Einkaufspassage das Schild verschüttet worden. C., so erzählte er mir, habe es eigenhändig ausgegraben und hier an der Hauptverkehrsstraße, die in den Ort führt, wieder aufgestellt.

Während ich das im »Seehof« notiere, sitzt am Nebentisch ein freundliches, aber hartnäckig miteinander schweigendes junges Touristenpaar. Es bestellt Suppe, Salat, Hauptgang, Dessert, das Kaminfeuer lodert hinter ihnen – und sie schweigen. Haben sich nichts zu sagen. Nichts. Kein Wort. Nicht einmal das bisschen Konversation aus Höflichkeit. Auch dies herrliche, reiche Essen scheint sie nicht glücklicher zu machen. Dabei wirken sie auch nicht unglücklich oder zerstritten. Beide ganz in Grau gekleidet.

12. Oktober

Wieder ein paar Tage bei den Kindern. Sie springen vergnügt und ausgelassen durch die Wohnung, die sich immer in den wenigen Tagen, die ich nicht da bin, in ein Schlachtfeld verwandelt. Immerhin steht das schmutzige Geschirr fein säuberlich gestapelt auf der Spülmaschine. In der Schule läuft alles problemlos. Die beiden werden selbständiger. Rosetta gibt ihnen die Sicherheit. Schneide Olga die Fingernägel und Ruben die Haare. Wasche Wäsche, backe einen Apfelkuchen und gehe mit beiden Kindern in die Badewanne. War vor kurzem noch nicht so eng. Kaufe mir einen Blumenstrauß; hab es nun schon fast zwei Wochen geschafft, nicht zu rauchen.

In der Nacht zum 11. Oktober, lese ich im »Tagesspiegel«, haben in Rhinow zwei Jugendliche aus Rathenow während einer Schlägerei mit Ordnern und Besuchern auf einem Fest einen 26-jährigen Bosnier beinahe tot geschlagen. Das Opfer erlitt einen Schädelbruch sowie Hirnprellungen und liegt im Koma.

(Es wird vier Monate im Koma liegen. Die Täter, neunzehn und zwanzig Jahre alt, werden im Juni 99 von der Jugendstrafkammer des Landgerichts Potsdam wegen des äußerst brutalen Überfalls zu fünf und sechs Jahren ohne Bewährung verurteilt. Sie hätten den möglichen Tod des Bosniers, der unter den Gästen des Festes war, billigend in Kauf genommen. Deshalb habe das Gericht nicht von verminderter Schuldfähigkeit ausgehen können. Die Tat sei jedoch nicht direkt fremdenfeindlich motiviert gewesen. Die Schlägerei hätten die Täter primär mit den Ordnern angezettelt, die den betrunkenen Männern den Zutritt in die Festhalle verwehrten. Übermäßiger Alkoholgenuss und Gruppendynamik hätten zur Tat beigetragen.)

Wo liegt Rhinow? Ich schaue nach. Im Landkreis Havelland.

Zum Alexanderplatz, bin mit Georg verabredet; wir wollen eine Ausstellung im polnischen Kulturinstitut anschauen. Warte am Bahnhof Zoo auf die U-Bahn Richtung Vinetastraße. Ein Penner, betrunken, auf einer Bank, im Gespräch mit einer alten Frau. »Und die Ausländer nehmen uns noch die letzten Arbeitsplätze weg.« Ich rücke näher an die beiden heran, stehe plötzlich neben einem jungen Mann, der mir verschwörerisch zulächelt, als auch er die Hatz mit anhört. Aber auch das ist mir unangenehm. Der Komplize stört meine Aufmerksamkeit, meine Gedanken:

Man spricht vom Sündenbockphänomen. Aber was genau heißt das? Auch die Identifikation mit der Macht gehört dazu. Jeder deutsche Obdachlose wettert noch auf den Ausländer, der dem Deutschen angeblich die Arbeit wegnimmt, und redet mit der Zunge der Allgemeinheit. Er, der sonst von der Allgemeinheit mehr ausgeschlossen ist als jeder andere, als jeder Ausländer mit Wohnung, Familie und Arbeit, fühlt sich wenigstens so ein wenig mit der Allgemeinheit verbunden. Über Allgemeinplätze, von denen er sicher auch weiß, dass sie nicht stimmen. Der Outlaw, der Underdog als Rassist, auch er braucht jemanden, den er noch niederer einstufen zu können glaubt als sich selbst, an dem er sich aufrichtet.

Jetzt erklärt der Penner der alten Frau, er fände es unmöglich, wenn Frauen auf der Straße rauchen.

Der Drachentöter wartet vor dem Polnischen Kulturinstitut. Er sieht zum Schreien komisch aus: Trägt einen roten Drillichanzug, voller Farbflecke, darüber eine Jeansjacke mit Pelzkragen, seine Mütze auf dem Kopf. »Ich hab die Wohnung, renoviere schon, wie du siehst.« Zwei Minuten klagt und jammert er, weil es ihm ganz, ganz schlecht geht: ein Barthaar ist eingewachsen, die linke Schulter ist steif, der Dreck in der neuen Wohnung legt sich auf seine seeligen Lungen. Dann ist es erst mal wieder gut. Er überreicht mir einen Korkenzieher. Meiner war beim Pilzessen, besser beim Öffnen der Rotweinflaschen, kaputt gegangen. Georg steht jetzt so still vor mir, dass ich nicht anders kann als ihn zu umarmen. Und dann ein langer Kuss. Gibt mir rasch einen kleinen Klaps auf den Hintern, und wir sehen uns die Bilder an. Mein Gott, wie lange will ich ihm noch widerstehen?, denke ich auf dem Heimweg in der U-Bahn. Dass er kein Geld hat, ist mir relativ Wurscht. Hat Vorteile. Kann er sich nicht drauf ausruhen. »Wenn ich schon Geld verdiene, will ich dir nicht auch noch das Fell schrubben müssen.« Huh, Thomas, Scheusal! Ja, ein karger Schmuser, so was gibt's. Oder Hannes, der die Liebe angeht wie seine Karriere, wie ein Projekt, immer geradeaus, ohne Umwege, ohne Zwischentöne. Männer ohne Geld aber bekommen bald Statusprobleme, das weiß ich, ich bin nämlich eine erfahrene Frau und kenne die Welt und erst recht die Männer, ich weiß genau, wie sie sind, die alle. Sie lassen ihre Minderwertigkeitsgefühle irgendwann rach- und eifersüchtig an wem, natürlich an den Frauen aus, spielen nicht nur den Coolen, sie werden tatsächlich kalt. Aber kein Geld und keine Liebe? Das gibt's auch, dann lass die Finger davon!, sagt Tucholsky in »Schloss Gripsholm«, oder lässt er es die Prinzessin sagen?

13. Oktober

Ein Traum, von dem ich mitten in der Nacht wach werde und nach dem ich nicht mehr einschlafen kann: Ich liege verwundet, blutend in einem Labor, erst denke ich, es ist ein Behandlungszimmer, in dem ich verarztet werden soll, aber es ist ein Versuchslabor. Ich werde von Hyänen umkreist, umlauert, sie haben blutunterlaufene Augen, Geifer an den Lefzen. Sie bewegen sich sehr leise, sacht. Georg ist unter ihnen. Seine lustigen, spitzen Mäusezähne sind in Wirklichkeit scharfe Hyänenzähne. Die Tiere kommen immer näher. Sie wittern mein Blut. Ich bin wehrlos, denn stärkere, brutalere Tiere als die Hyänen haben mich zur Strecke gebracht. Ich kann mich nicht bewegen. Ich bin den Hyänen ausgeliefert, ich bin ein gefundenes Fressen für sie. Als sie über mich herfallen, wache ich auf.

Der Tag hat bleierne Füße. Wird jetzt die Rheinsberger Angst allmächtig? Legt sie sich schon auf meine Träume und mein noch so zartes Gefühl für Georg?

Lese die neu erschienenen Tagebücher der Brigitte Reimann. Frage mich, was aus dieser Autorin geworden wäre, wenn sie sich nicht mit solch spannenden Fragen hätte beschäftigen müssen wie z. B., ob es wichtig und nötig sei, dass ihr nächster literarischer Held ein Arbeiter ist. Finde einen mutigen, manchmal mutwilligen Ton, hart mit sich selbst, alles klingt ein bisschen nach Ärmelaufkrempeln, und auch das ist mir vertraut. Klug und empfindsam genug, fällt sie trotzdem immer wieder in Abgründe: Selbstzweifel, politische Skrupel und Gewissensbisse über den jungen Staat DDR. Um sich dann wieder für die gute Sache Sozialismus aufzuraffen. Gepeinigt, tyrannisiert von linientreuen Schriftstellern, in der Mangel der Stasi und von ihr bespitzelt. Was für ein massiver Druck auf eine Künstlerin, die all ihre Kräfte für ihre Bücher gebraucht hätte! Und dabei ahnt man nur, wie krank sie war, sie, die nach einer Kinderlähmung hinkte, schwer soff, ja, auch da wieder Alkohol, ständig unter Kopfschmerzen litt und nach langer Krankheit schon mit 39 Jahren starb.

Ich erinnere mich, wie die Menschen in der DDR gelitten haben: unter der drastischen Einschränkung ihrer persönlichen Freiheit, der Meinungsfreiheit und der Mobilität, unter der mangelnden Versorgung, unter der unerträglichen Schnüffelei und allgegenwärtigen Überwachung des Staates, unter der Lähmung jeglicher beruflichen oder privaten Initiative.

Haben sie das nun alles schon vergessen? Heute ein Nörgeln und Mäkeln in den neuen Bundesländern, eine Unzufriedenheit mit der westlichen Demokratie, und ausdrücklich mit der Demokratie, woher kommt das? Fast zwei Drittel (63 Prozent) der Ostdeutschen sind mit der Demokratie nicht zufrieden. (Dagegen sind 60 Prozent der Westdeutschen »zufrieden«.) Obwohl andere Umfragen ergeben, dass es dem Einzelnen seit der Wende besser geht. Die hohe Arbeitslosigkeit als Dauerargument; aber kann sie allein der Grund für die allgemeine schlechte Stimmung sein?
»Seit ich Deutschland vor drei Jahren verlassen habe, lese ich in deutschen Zeitungen ständig Katastrophenberichte über die wirtschaftliche Lage, den ›Standort Deutschland‹, die Arbeitslosigkeit, die Verwüstung von ›Neufünfland‹. Und dennoch vermittelt Deutschland den Eindruck, immer noch ein prosperierendes Land zu sein (…) Mir kommen Thüringen und Sachsen vor wie ein neues Kalifornien, und man kann sich vorstellen, dass in einigen Jahren die Besucher sagen: Nur die Deutschen haben das schaffen können.«

Vielleicht können ausländische Beobachter wie Vanna Vannucini klarer und objektiver auf die Vorteile der Wende blicken als die Deutschen, die sich die schlechte Stimmung nicht verderben lassen wollen. Oder sind sie so sauer, weil ihnen die Feindbilder abhanden gekommen sind?

Und so geht es immer weiter mit den Fremdheitsgefühlen. Unentwegt fragt man sich, warum Ost- und Westdeutschland noch immer nicht zusammenpassen. Aber vielleicht passen sie längst zusammen? Manchmal wird Fremdheit konstruiert. Es ist nicht viel anders als mit dem Ausländerhass. Und vielleicht mache ich auch nichts anderes die ganze Zeit.

14. Oktober

Eine Zeit intensiver Träume. Heute Morgen wache ich von einem Befreiungsschlag auf: Eine große, geheimnisvolle, alte, leere Wohnung, unübersichtlich, vertraut und neu zugleich. Ich möchte sie wieder entdecken. Viele Freunde sind da, auch Georg. Plötzlich kommt Thomas, als gäbe es nichts Selbstverständlicheres, voll bepackt mit Akten, zur Tür herein. Er will sich hier sein Büro einrichten. Ich kriege Panik. Er muss sofort verschwinden. Wo ist er, wo steckt er in der unübersichtlichen Wohnung? Georg und die anderen Freunde helfen mir suchen. Jetzt stehe ich ihm gegenüber und frage, ob er keine Wohnung in Berlin habe. Und schmeiße ihn raus.

Kaufe wieder drei Pfund Zeitungen. Die erste Amtshandlung der neuen Regierung ist tatsächlich das neue Ausländergesetz. Doppelpass! Donnerwetter!

Damit hat das bisherige deutsche Staatsbürgerschaftsrecht, das auf dem Abstammungsprinzip basiert, nach rund 85 Jahren ausgedient. Was für ein riesiger Schritt! Deutschland nimmt Abschied, endlich, vom Blutrecht, dem Jus sanguinis, der Abstammung und Nation in Deutschland von je her bestimmte. Vielleicht wird »Nation« irgendwann doch ein kultureller Begriff sein wie in Frankreich, zum Beispiel. Deutsch ist, wer die deutsche Sprache spricht und in der deutschen Kultur lebt, und nicht, was immer das bedeuten soll, wer deutsches Blut in den Adern hat, das kein Mensch etwa von chinesischem unterscheiden kann.

Georg spielt mit Ruben im Hof Tischtennis. Vor einigen Wochen hat er meinen Sohn noch besiegt, jetzt ist's umgekehrt. Ganz geknickt steht der Drachentöter jetzt neben meinem Schreibtisch. »Georg, ich möchte dich mal aufheitern.« – »Kannst du nicht. Bin untröstlich.« – »Doch, hör zu! Es ist schon lange her, da hat Thomas die Vaterschaft unserer Kinder auf dem Standesamt anerkannt. Beide Male vor der Geburt, und beide Male fragte ihn der Beamte: ›Und was machen Sie, wenn das Kind ein Neger ist?‹ Das ist schön, nicht, Georg?«

»Ja, Alte, das ist sehr schön.« Und jagt schon wieder Ruben durch die Wohnung.

Eine Lesung von Imre Kertész fällt mir ein. Während der Diskussion über sein Buch »Roman eines Schicksallosen« in der Orangerie vom Schloss Charlottenburg gab Kertész sehr sanft, beinahe schelmisch zu bedenken, kein europäisches Land habe so viel Vergangenheitsbewältigung geleistet wie die Bundesrepublik und zog damit die Wut der Berliner Besucher auf sich. Immer wieder dieses Bedürfnis der Deutschen nach einem Sonderstatus: Erst wollen sie die Herrenmenschen sein und dann für alle Ewigkeit die Monster der Weltgeschichte.

15. Oktober

Die kaputten Lendenwirbel, die ich jetzt nicht nur spüre, von denen ich jetzt, seit sie geröntgt wurden, auch weiß, bringen mich zur Verzweiflung. Das viele Autofahren zwischen Rheinsberg und Berlin verschlimmert sie; der durchgesessene Taxifahrersitz macht mir noch mehr Rückenschmerzen. Georg hat mir eine Holzperlendecke für den Fahrersitz geschenkt, die dagegen helfen soll, ich habe aber noch keine Besserung bemerkt. Er meint, dann muss man den Sitz halt auswechseln. Irgendwann, wenn mal Zeit ist; will mir sogar dabei helfen.

Ich beschließe, wegen der Rückenschmerzen, diesmal nicht mit dem Auto zu fahren. Also mit der U-Bahn zum Potsdamer Platz, dann mit der S-Bahn bis Oranienburg. Dort eine knappe Stunde Aufenthalt. Ich spaziere durch die Herbstsonne und entdecke einen Dessous-Laden. Das muss ich mir genauer ansehen. An der Außenwand, um die Fenster herum, Weihnachtssterne. Die Dekoration im Schaufenster erinnert an Sportwaren. Irgendwie undefinierbar. Baumwolle. Unterwäsche. Nicht Dessous. Warme Bodys mit Rollkragen, weinrot. Sachliche, weiße BHs mit passenden sachlichen, weißen Slips. Der Sportladen um die Ecke ist phantasievoller, spannender. Ausgesprochen einladend und verführerisch aber der Waffenladen auf der anderen Seite der Straße. Meine Entdeckung der Marktlücke »Dessous-Laden« bestätigt sich überall in Brandenburg. In der Wochenend-Ausgabe der »MAZ« wird auch tatsächlich ein Dessous-Bildband von 700 Seiten liebevoll empfohlen.

Und dann lese ich: achtzehn Verkehrstote in Brandenburg am letzten Wochenende. Trauriger Rekord seit der Wende. Die herbstliche Witterung sei schuld. Zwei Tote gestern, am Donnerstag.

Vom Bahnhof in Rheinsberg eine Viertelstunde Weg. Ich habe kein Gepäck. Klares, warmes Licht, trockener Wind fegt gelbe Blätter durch die Luft.

Esse im »Seehof« eine Fischsuppe. Der Kellner U. R. spricht mich auf meinen offenen Brief an. Der ist ja schon vor zwei Wochen erschienen, und er ist der Erste, von dem ich eine Reaktion bekomme. Weil das Lokal fast leer ist, plaudert er ein bisschen mit mir. Erzählt wieder von Schweden. Nach einem Anschlag auf einen Ausländer habe man einen Generalstreik aller Ausländer für fünf Minuten im ganzen Land ausgerufen. Alles, aber auch alles habe diese fünf Minuten stillgestanden und jeder spätestens dann begriffen, dass ohne Ausländer gar nichts läuft.

Frage ihn, ob er sich erklären kann, warum das Problem in den neuen Bundesländern so groß ist.

»Gründe gibt's viele«, sagt er. »Der Verlust an Orientierung durch den Zusammenbruch des Staates, der Autoritäten von Elternhaus und Schule, die ganze Verlogenheit, Stasimachenschaften, das Gefühl, überall belogen worden zu sein. Wer hat denn da noch etwas zu sagen?« Er holt mir ein Glas Sekt. »Ist vom Haus«, und setzt sich zu mir. »Danke. Und Sie, wollen Sie nichts trinken?« – »Nein, nicht im Dienst.« Er lacht. »Ja, und die Gewalt durch die Medien«, fährt er fort. Ich unterbreche ihn, weil mir plötzlich ein Foto aus dem »Stern« einfällt und beschreibe es ihm: »Designerbrille im Gesicht, lässig eine Zigarette im Mundwinkel, ein Stiefel steht auf dem Rücken einer auf dem Boden liegenden alten Frau, der Gewehrlauf an ihre Schläfe gedrückt: ein junger serbischer Soldat. Rambo sein Vorbild.« Ich trinke hastig, verschlucke mich. Er klopft mir auf den Rücken, und ich rede weiter: »Der Gruppendruck, die Unterordnung unter die Gruppe, ganz kleinen Kindern schon anerzogen. Kaum Zuwendung, kaum persönliche emotionale Betreuung in den staatlichen Kinderkrippen, Kindergärten, Kinderhorten.« Ich hab mein Glas schon ausgetrunken, ein zweites möchte ich lieber nicht. »Jetzt plötzlich gar keine Geborgenheit in der Gruppe mehr. Individualismus pur. Angst vor dem Aufsichselbstgestellt sein. Vor der Selbstverantwortung, der Freiheit. Ja, so ungefähr, mehr fällt mir im Moment nicht ein.« – »Die ängstigende Freiheit«, mache ich weiter, »sich selbst um einen Arbeitsplatz kümmern zu müssen oder keinen zu finden. In allen Bereichen die Anforderung nach Selbständigkeit, die bisher nicht gefragt, ja, sogar verpönt war. Und dann treten sie wieder in Gruppen an und stürzen sich zu mehreren auf einen Einzelnen. Keiner hat hier gelernt, dass man auch ausscheren und ›Stopp‹ sagen kann oder ›hier mach ich nicht mehr mit‹.« – »Wo man doch endlich wieder ein wärmendes Gruppengefühl hat und früher gelernt hat, wie gefährlich es ist, aus der Reihe zu tanzen«, bringt er den Gedanken zu Ende. Ich danke ihm für das Glas Sekt, wir verabschieden uns herzlich, seine blauen Augen werden wieder eine Spur heller.

Das Idol Neonazi, denke ich auf dem Weg zurück zur Stadtschreiberwohnung – eine männliche, größenwahnsinnige Kompensierung für das Minderwertigkeitsgefühl, Teil eines kaputten Systems zu sein, seine Heimat verloren zu haben, weniger wert, arbeitslos oder schlechter bezahlt zu sein.

Als hätte ich mir nie vorgenommen, nachts nicht allein durch die Straßen zu gehen, spaziere ich, es ist bald Mitternacht, über den Triangelplatz, auf dem Peter Böthig zusammengeschlagen wurde, und merke erst, was ich tue, als mir aus dem Dunkel ein Rülpsen entgegenknallt. Da, der Schreck. Eine Autotür, die plötzlich heftig neben mir aufspringt. Und auch auf den Bänken vor dem Schloss, keine dreißig Meter von der Stadtschreiberwohnung entfernt, dort sitzen sie, sieben, acht Jugendliche. Genau die Situation, die ich vermeiden wollte.

Ziehe mich sofort in die Stadtschreiberwohnung zurück. Muss das so sein, muss ich davonlaufen? Rufe den Drachentöter an. »Das hat auch etwas mit chthonischen Kräften zu tun, solch eine Situation, nicht wahr?«, sagt er. »Da ist Archaisches zwischen Mann und Frau im Spiel.« Sicher. Aber das interessiert mich im Augenblick nicht, nicht mit den Jungs da draußen. Was rät er mir? »Geh hin, setz dich zu ihnen! Mal sehn, was passiert? Vielleicht reden sie mit dir.« – »Und wir prosten uns mit Bierdosen in der Hand zu? Du spinnst!« Er lacht nur, schickt mir einen Kuss herüber und legt auf.

Nun, ich gehe an ihnen vorbei, aufrecht, entschlossen, fast ohne Angst; hier ist keine »national befreite Zone«. Ich schaue sie an, sie sagen »Guten Abend«, nicht aggressiv, männlich interessiert, lachend. Guten Abend, gehe an ihnen vorbei, zögere einen kurzen Moment, ob ich stehen bleiben soll, tu es nicht. Als ich weit genug weg bin, traut sich einer, mir hinterherzurufen: »Ziemlich kurz, das Teil!« Er meint meinen Rock. Und als ich mich umdrehe, sagt er, als hätte er Angst vor mir, der andere, nicht er habe das gesagt. Fast muss ich lachen.

Eine Stunde später, auf dem Rückweg von zwei Schorlen im »Jungen Fritz«, überlege ich wieder, ob ich mich zu ihnen setzen soll. Nein, ich höre schon von Weitem, dass sie inzwischen zu besoffen sind. Und wieder das Pfeifen. Einer sagt zu seinem Kumpel: »Geh doch hin!« Aber das klingt so aussichtslos; keiner von ihnen traut sich an mich heran. Haben sie Angst vor der Frau?

In dieser Nacht sitzt wieder der Karnevalsverein Rheinsberg im Ratskeller.

16. Oktober

Der Tag öffnet die Augen. Seine Sonne. Golden. Es wird ein warmer Tag. Vögel besingen die Baustelle.

Auf dem Fensterbrett am offenen Küchenfenster ein Frühstück vom Hausmeister der Musikakademie. Also frühstücke ich, räume ein bisschen auf. Setze mich dann schreibend vors Schloss in die Sonne.

Habe eine gute Stunde noch, bis der Lektor H. aus Stuttgart vorbeischaut, der sich überraschend angesagt hat und mit mir über meinen Roman sprechen will.

Jetzt bin ich am Schloss und nicht in meinem Roman. Schloss Rheinsberg – Harmonie von Geist und Natur, innen und außen, der Einklang von Raum und Lust, ein Ineinander des Parks und der hinter ihm liegenden wilden Wald- und Seelandschaft. Immer ein Verschmelzen von Traum und Wirklichkeit. Manchmal ein Sichbegegnen von Geschichte und Gegenwart. Gefühl des unüberwindlichen Schlossgrabens, deshalb selten die Erfahrung von Berührung des Schlosses mit der Stadt und ihren Bewohnern.

Auf der Schloss-Seite Frische, Stille, Zartheit und hoher Himmel. Verwunderung und Selbstverständlichkeit. Das Schloss steht erhaben und verhalten zugleich da, geheimnisvoll und vertraut. Stolz und bescheiden. Verspielt und ernst in einem. Frühling, Sommer, Herbst und Winter.

Musik ist es, nicht nur wegen der Musikakademie, Malerei, Bildhauerei, Architektur und – Dichtung, nicht nur wegen der Stadtschreiber.

Meine Augen wandern durch Rheinsberg. Sie irren durch Park und Straßen, sie irren herum und irren sich auch. Wieder der Wunsch, sie abtrennen zu können, loszulassen von mir, autonom und objektiv. Was ist Rheinsberg, was ist es wirklich?

Wirklichkeit, Wahrheit wahr – nehmen. Konkret hier ein Suchen der Wahrheit zwischen der Berliner Hysterie, in ganz Brandenburg gäbe es nur noch Neonazis, und da könne man nicht mehr hinfahren, auf der einen Seite und dem Leugnen, Wegschauen, Verdrängen der Rheinsberger auf der anderen. Irgendwo dazwischen liegt die Wahrheit. Wo? Ich habe noch keine Schlägerei gesehen, keinen verprügelten Ausländer, keine Schlägerbanden. Und doch gibt es sie. Ich habe auch noch keine Verkehrsunfälle auf den schönen Alleen gesehen, und doch gibt es sie. 350 Kinder 1997 in Brandenburg im Straßenverkehr getötet. 6000 Tote seit der Wende allein auf Brandenburgs Straßen, 6000, mehr, als Rheinsberg Einwohner hat. Meist von jungen, alkoholisierten Männern verursacht. Die Um-die-Bäume-Wickler. Achtzehn Tote allein am letzten Wochenende!

Und so ist es eben: Je näher man dran ist, desto weniger sieht man. Und je weiter weg, auch. Also, wo liegt dies rechte Verhältnis von Nähe und Distanz?

»Und dann ging ich durch die Straßen und sah alles an und guckte überall hinein und freute mich des Glücks der Fremden: dabei zu sein, ohne dabei zu sein.«, schreibt Tucholsky im *»Pyrenäenbuch«*.

17. Oktober

Eine seltsame alte Frau: hellgraue Plaste-DDR-Stiefel, Kopftuch, klein, zerbrechlich; sie sammelt Kippen, Laub in ihre Plastiktüte. Eine Irre, die glaubt, sich nützlich zu machen, indem sie Müll von den Straßen liest, oder braucht sie das zum Heizen? Noch immer kann ich in Rheinsberg Kindheit riechen, DDR-Geruch, Erinnerungen; es sind die Spuren neun Jahre nach der Wende noch längst nicht verschwunden.

Im »Spiegel« wird von Duftfläschchen für ältere Menschen mit Gedächtnislücken berichtet. Man hat festgestellt, dass Gerüche der Erinnerung auf die Sprünge helfen und mit dem Duft »Waschküche« oder »Nachkriegsluft« überraschende Erfolge zu erzielen sind. Man sollte also schleunigst auch noch den Rest DDR-Geruch, z. B. von Rheinsberg, in Fläschchen füllen. Als eine Art Gedächtnis-Parfüm. Luftige, duftige Erinnerungen. Wie ein Schnüffeltier schnupper ich durch Rheinsberg und warte auf meine Erinnerungen.

Sommerferien in Dresden. Ich war acht, neun Jahre alt, mit dem Zug gerade aus Berlin gekommen und entsetzt, empört, als ich das Sächseln der Kinder dort hörte. Einige Wochen später, die Ferien waren fast schon vorbei, kam ein Junge aus Berlin frisch dazu. Und nun war ich entsetzt, empört, als ich ihn berlinern hörte. Wie relativ Fremde ist und wie schnell sich ihre Zuschreibungen wandeln können!

18. Oktober

Im Getränkeshop entdecke ich einen seltsamen Schnaps: »Dracula« heißt er, 24 Prozent Alkohol enthält er und brennt höllisch, sagt die Verkäuferin, mit viel Ingwer und asiatischen Kräutern. Die Jugendlichen hätten ihn letztes Jahr viel getrunken, dann plötzlich nicht mehr, »wie so 'ne Modeerscheinung«. Ich frage sie nach einer Probe, haben sie nicht. Vielleicht kaufe ich irgendwann 'ne Flasche. Heute nicht.

Das Gras ist noch grün, und die Buchen am See tragen tapfer ihre letzten Blätter. Aus der Musikakademie klimpert ein helles, ein wildes Staccato. Ich laufe, laufe und denke vor mich hin. Ob die Kinder eigentlich Klavier üben, wenn ich nicht da bin? Muss Rosetta wieder erinnern, darauf zu achten. Georg streicht wahrscheinlich gerade Wände und zieht Böden ab.

In der Galerie stehen Karolin und Helmuth einträchtig beieinander, erzählen mir aufgeregt, sie hätten ein Haus gefunden, hier in der Nähe, eher eine Ruine, aber günstig zu haben und herrlich gelegen, sie hätten sich verliebt in die Stelle. Na dann!

Wir sprechen über das Rheinsberger Kernkraftwerk, das demnächst abgetragen werden soll, bis auf die Wiese, für viel Geld. In Greifswald wird zwischen- oder endgelagert. Helmuth fragt sich, ob versiegeln nicht besser wäre. Ein Abriss in Eile würde mit Sicherheitsdefiziten einhergehen. »Es ist gefährlich, mit dem Abriss demonstrieren zu wollen, dass so etwas in verträglichen ökonomischen Dimensionen vonstatten gehen kann. Wenn Geld und Zeit das Tempo bestimmen, werden Fehler in Kauf genommen und vielleicht auch gemacht.«

25. Oktober

Morgen hat Olga Geburtstag. Kaufe die letzten kleinen Geschenke, bin gegen Mittag wieder zu Hause. Da kommt ein Anruf von der Schule: »Holen Sie Ihre Tochter ab, der geht's nicht gut. Sie hat sich übergeben.« Olga hat manchmal Kreislaufprobleme, Migräne, fällt auch schon mal in Ohnmacht. Sie hat meinen niedrigen Blutdruck geerbt; selten merkt ihr das jemand an, weil sie so voller Lebensfreude und Elan ist. Auf dem Weg nach Hause sagt sie: »Mama, das ist diesmal was anderes als mit dem Blutdruck. Es ist mehr im Bauch.« Ich lege sie ins Bett, und schon nach kurzer Zeit merkt sie deutlichere Schmerzen, rechts im Unterbauch. Aha. »Wart mal, Olga, ich drück da mal links und lass ganz schnell los, und du sagst mir, wo's dann weh tut!« Es tut rechts weh. Schnell zum Arzt, den wir zum Glück im Haus haben, den Hausarzt; wir können ihn gut leiden, und er hat sich auch schon öfter als ausgezeichneter Arzt erwiesen. Er denkt dasselbe, nachdem er Olga untersucht hat: Blinddarm. Sofort ins Krankenhaus. Wo steht mein Auto? Inzwischen ist auch Ruben aus der Schule gekommen. Er bleibt besser zu Hause. Ich packe das Nötigste fürs Krankenhaus ein und stopfe schnell noch in den Rucksack ein Buch zum Geburtstag.

Berufsverkehr, Olga liegt auf der Rückbank, ich halte ihre Hand, sie ist ganz still. Ich weiß den Weg nicht genau, verfahre mich aber wie durch ein Wunder ausnahmsweise nicht.

Was mache ich mit Ruben, wenn Olga im Krankenhaus bleiben muss? Tina? Ich glaube, sie ist zur Zeit wieder im Erzgebirge bei ihrem Psychologieseminar. Georg? Nein, den kann ich gar nicht erreichen, weil er in seiner neuen Wohnung noch kein Telefon hat. Und was mache ich morgen mit den zwölf Kindern, die zum Geburtstagsfest eingeladen sind?

Keine Zeit zum Nachdenken. Blutentnahme, die nur möglich ist, weil ich Olga verspreche, dass sie danach schon das Buch geschenkt bekommt. Und da hat sie das Buch in den Händen und strahlt und liest, und es geht ihr von Minute zu Minute besser. Als vier Ärzte auf einmal sie untersuchen kommen, wirkt sie schon nicht mehr krank. Sie wird gefragt, wo es weh tut und haut sich so doll auf den Bauch, dass alle lachen müssen. Man redet über das neue Buch, es wird herumgereicht, die Ärzte drohen sich festzulesen. Wir können wirklich gehen, Olga wird nicht operiert, ich kann es kaum glauben, sollen aber morgen Vormittag noch einmal zur Blutentnahme wieder kommen. Die Leukozyten seien sehr hoch.

Auf dem Nachhauseweg bekommt Olga sogar Hunger. So ein Luder! Was hatte sie denn nur? Also schnell in einen Supermarkt, ich habe noch viel für den Kindergeburtstag vorzubereiten. Olga will im Auto bleiben und weiter in ihrem Buch lesen. Stoße mir in der Aufregung an der Autotür den Kopf. Der brummt immer noch. Ruben fragt mich, als wir nach

Hause kommen, ob Olga wieder gesund und ich inzwischen krank geworden sei.

Backe nachts ein Blech Apfelkuchen, packe Geschenke ein und schmücke den Geburtstagstisch.

26. Oktober

Das war wohl eine schnelle Blinddarmreizung oder gar keine. Die Blutwerte sind wieder normal; Olga und ich fahren nach unserem erneuten Krankenhausbesuch, zweieinhalb Stunden Wartezeit, noch schnell bei der Schule vorbei, und Olga kann sich von ihrer Klasse das Geburtstagsständchen abholen. Ich verkünde, die Party könne steigen, man jubelt.

Georg kommt mittags für eine Stunde vorbei, holt Getränke, auch die berühmte Wasserkiste, und wir trinken zusammen einen Kaffee. Olga schläft. Georg erwartet den Elektriker bei sich, will aber vielleicht am Abend vorbeikommen, wenn die hübschen Mütter ihre Kinder abholen.

Am Nachmittag schauen zunächst kurz die Großeltern vorbei; als sie gehen, kommt Thomas zur Tür herein. Wir sitzen uns freundlich gegenüber und trinken eine Flasche Sekt auf das Wohl unserer Tochter, und als auch er dann weg ist, kann ich seit gestern zum ersten Mal tief durchatmen und tanze mich mit den Kindern zu wilder Disco-Musik frei. Schneewittchen und die dreizehn Zwerge.

Das Fest geht am Abend mit den Eltern weiter. Georg kommt nicht.

28. Oktober

Zum Frühstück bleiben Georg und mir noch Reste des gestrigen Festessens. Bin erschöpft. Seit gestern rauche ich wieder. Jetzt wächst mir auch noch ein Weisheitszahn, in meinem Alter. »Alte«, sagt Georg, »den haste auch nötig.« – »Du glaubst wohl, weil du der Sohn deiner Mutter bist, du wärst was Besseres.« Und nun jagen wir uns wieder mal um den Küchentisch, es fliegen ein paar Stücke Käse durch die Luft, die wir dann brüderlich miteinander verspeisen; und es fließen ein paar Tränen, meine, die Georg nur spöttisch kommentiert: »Ist das alles? Deine Seele ist nicht gut durchblutet.« – »Deine auch nicht. Wenn du den Coolen mal über Bord werfen würdest, könnten wir vielleicht über uns beide reden.«

Der Drachentöter geht; ich mache mir noch einen Kaffee, weiß nicht, wie ich es in meinem Zustand morgen bis nach Rheinsberg schaffen will, blättere die Zeitungen durch: »Junge kurzhaarige Deutsche« – ich lese »Junge kurzhaarige Dackel«; die Kurzhaardackel haben einmal wieder einen Ausländer überfallen – mir geht das Thema langsam auf die Nerven. Ich möchte mich wieder mit etwas anderem beschäftigen als mit dieser Rotten- und SA-Mentalität, der schwulen Männerbündnerei, mit lebenden Zeitbomben, ihrer wölfischen Gesinnung, dem ideologischen Vernichtungswillen und der hoffnungslosen Sehnsucht nach dem Totalitären.

Darf ich als Frau, Autorin und Mutter nicht auch ein Angsthase sein? Oder? Ich muss an den 50-jährigen Arbeiter denken, der Jugendliche zurechtgewiesen hatte, als sie den Hitlergruß zeigten. Wann war es, wo war es? Ich weiß nur, es ist schon mehrere Jahre her. Sie haben ihn erschlagen. Er ist tot. Ich kenne mich: Ich bin fest der Überzeugung, dass man den Jugendlichen ihre Grenzen zeigen muss. Ich würde es tun, genauso wie der Arbeiter. Und dann hieße es nur einmal mehr in der Zeitung: Sie ist aus dem Koma nicht mehr aufgewacht. Wer keine Angst hat, ist nur nicht informiert. Wer Optimist ist, hat die schlechte Nachricht noch nicht gehört. Ein Ehepaar wollte letzten Sommer in der Nähe von Berlin auf einem Campingplatz Urlaub machen. Alle, die davon hörten, grauste es bei dem Gedanken. Nur dem Ehepaar nicht. Die beiden hatten ganz einfach nichts gewusst von den serienweisen Skin-Überfällen auf Zeltlager in Brandenburg.

Ich sehe meine Kinder an, die gerade nach Hause kommen und weiß, dass ich mich, seit sie auf der Welt sind, verändert habe. Ich sehne mich nicht mehr nach der Gefahr. »*Nein, unglücklich das Land, das Helden nötig hat*«, heißt es bei Brecht im »Leben des Galilei«. Und ich halte mich nicht für feige, im Gegenteil. Seit Jahren beschäftige ich mich mit den rechtsradikalen Morden. Und deshalb weiß ich, wovor ich Angst habe und kann nicht blauäugig sein.

»Irgendwann ist auch das dickste Geduldsstahlseil eines Deutschen zerfasert, und man beginnt, legitimen Widerstand vorzubereiten«, steht in einem Leserbrief eines Neonazis an den »Tagesspiegel«. »Wird es noch so weit kommen, dass Nationalsozialisten sich Kriegswaffen zulegen müssen, um ihre friedlichen Feiern gegen Staatsterroristen-Überfälle schützen zu können? (…) Wir wollen nur unsere Grundrechte wahrnehmen und öffentlich Hakenkreuzfahnen schwingen, in SA-Uniformen marschieren, den Arm heben mit dem Deutschen Gruß und das Horst-Wessel-Lied singen – und unsere Meinung über Juden äußern. (…) Wir werden kriminalisiert (…) Nicht die Ausländer, sondern wir sind die Opfer, die Opfer der mordernen Inquisitoren.«

Mag keine Zeitungen mehr sehen.

Also höre ich beim Aufräumen Radio:

Ein Ferkel, auf dessen Rücken ein Davidstern und der Nachname des Präsidenten des Zentralrats der Juden, Ignatz Bubis, geschmiert war, ist heute Nachmittag über den Alexanderplatz getrieben worden. Die Polizei brachte das Tier ins Tierheim und ermittelt wegen Tierquälerei und Beleidigung.

Es wird mir zu viel. Die Geschichten jagen sich und mich. Wo habe ich in Brandenburg eine Imbissbude gesehen mit einem Schild darüber, auf dem in gotischer Schrift unverblümt: »Adolfs Snack« stand? Etwas entfernt dasselbe Schild als Werbung an der Landstraße. »Adolfs Snack, 200 m«.

Ich habe still meine Verse im Kopf, stelle keine Schilder auf, verkaufe keine Poesie und bin voller Liebe zu Marina Zwetajewas »Holunder«-Gedicht. Aber auch das würde dem Inhaber von »Adolfs Snack« nicht mehr helfen:

»... Der Holunder ist gerichtet, sein Blut ist geflossen!
Der Holunder hat den Garten ganz übergossen
Mit dem Blut der Jungen, dem Blute der Reinen
Mit Blut aus seinen Feuerhändenzweigen
Mit dem fröhlichsten allen Blutes, mit deinem
Schöndunklen Herzblut und meinem. ...«

29. Oktober

Die Angst begleitet mich bis zum Schluss. Vom Bahnhof komme ich, im Dunkeln, auch das ist es, dies dämmerige Licht, das ich nicht gewohnt bin auf den Straßen, in Berlin ist es heller, und niemand auf der Straße, außer mir und einem jungen kräftigen, kahl geschorenen Mann im üblichen Outfit. Der kahle Kopf des Skins lässt mich an einen Deo-Stift denken, mehr aber noch an einen Penis, ohne Vorhaut, mir entgegengereckt.

So sehen sie alle aus, beruhige ich mich. Jetzt überquert er rasch die Straße, auf mich zu, ausladend hinter mir, bis er mich überholt – ich straffe mich, den Oberkörper, hoffentlich ist es gleich vorbei. Ob er meine Angst spürt? Ich bin groß, beruhige ich mich, er wird es nicht wagen. Ich atme tief durch, als er an mir vorbeizieht und ich ihn jetzt vor mir im Auge behalten kann. Er geht zum »Club 30«.

Mir ist kalt, als ich endlich in der Stadtschreiberwohnung ankomme; auch mit der schwarzen Schreiberfellweste wird mir nicht wärmer. Hätte ich doch jetzt den »Dracula«-Schnaps! Noch bis nach 20 Uhr Betrieb auf der Theaterbaustelle hinter dem Kavalierhaus; riesengroße Schatten im beleuchteten, fast fertigen Gebäude. Gespenstisch, aber schön. Sortiere Papiere auf dem Schreibtisch, fange an zu schreiben. Und da steht plötzlich eine Gestalt vor meinem Fenster, draußen hinter der Scheibe, ganz nah. Und wie ich erschrecke, klopft der Mann, ruft »Nicht erschrecken!«, und ein freundliches Bauarbeitergesicht fragt mich, wie spät es ist.

30. Oktober

Rheinsberg überschwemmt, »Lagunenstadt Rheinsberg«, titelt die »MAZ«. Rheinsberg stand unter Wasser, besser, ein Teil oben am Parkplatz des Schlosses. Und da taucht mit einem Mal die verzauberte Zauberstadt Venedig vor mir auf. Es gibt tatsächlich nicht nur Rheinsberg. Hatte ich fast vergessen.

Die sechzehnjährige Tochter einer Bekannten erlebt ihre erste große Liebe mit einem Florentiner. Sie treffen sich alle vierzehn Tage in München, auf halbem Weg. Olgas Freund Paul war über die Ferien mit Silke, seiner Mutter, in New York. Erinnerungen, Orte, die sich überlagern. Meine französische Freundin Manon schickt mir eine Karte aus Paris. Sie ist vor einigen Jahren mit einem Stipendium an die Universität Leipzig gekommen und hat dort einen freundlichen Historiker-Sachsen kennen gelernt. Hat ihr Studium gerade beendet, ihre Abschlussarbeit über Hannah Arendt an der Sorbonne verteidigt und ist nun wieder auf dem Weg nach Leipzig. Fernweh. Nach Paris, zum Beispiel. Eine kleine Karte und die Sehnsucht lebt auf. Christian hat mir aus Paris einen hübsch eingepackten Ziegenkäse mitgebracht und an meine Berliner Wohnungstür gehängt. Den hat er auf dem Markt in der Rue Buci gekauft, auf dem ich mit ihm vor zwei Jahren war. Ich hingegen habe letzte Woche aus Calabrien, aus den Herbstferien mit den Kindern, zwei runde, harte Schafskäse mitgebracht. Rosetta fährt in ein paar Tagen nach Rom zu ihrem Sohn und soll dessen Familie Goudaer aus Berlin mitbringen. Der Sohn allerdings wird nicht da sein, er arbeitet zur Zeit bei Filmaufnahmen in der Türkei als Kameramann. Und was für einen Käse wird er aus der Türkei mitbringen? Und was für einen Rosetta aus Rom?

Lese auf dem Stadtschreiberbett, höre Musik, schlafe zwischendurch ein, lese weiter. *»Das Volk will Gewalt«*, schreibt Harold Brodkey sehr schlicht, und ich weiß nicht, ob das zynisch ist. Überall und zu allen Zeiten, möchte man hinzufügen, und damit basta. Auch in Venedig, wo die Mussolinianhänger zwar nicht auf den Straßen es wagen, ihre antisemitischen Parolen zu brüllen, da die Gesetze rigide genug dagegen sprechen, aber dann in den Fußballstadien, in diesen *»nationalen Intimbereichen«*, wie Brodkey sie nennt. Man sollte möglichst Geld haben, schreibt er in seinem Venedig-Buch, sich auf der teureren Stadionseite hinsetzen, weit vom Pöbel entfernt, um sich nicht in Gefahr zu bringen. Auf der anderen Straßenseite leben, auf der Sonnenseite, weit weg vom gewalttätigen Volk.

Ja, wozu all der Realitätskontakt, dem der Aidskranke und die neurotische Frau doch nur hilflos unterlegen sind? Nicht unbedingt geistig, doch körperlich und seelisch hoffnungslos.

Dem DDR-Mädchen wird alles ein Fest, was nicht mehr DDR heißt, die Welt ist größer geworden. Auch Rheinsberg gehört jetzt zur Welt. Die vielleicht 30 Quadratmeter große Wohnung im Kavalierhaus von Rheinsberg bietet mir einen Schimmer feudalen Glanzes, aber ich weiß immer noch nicht, ob ich als Domestikin oder adliger Gast hier weile. Eins nur ist sicher, zu den Bürgern kann und will ich mich nicht rechnen. Nicht für 1500 DM im Monat. Ich bin die im Gefängnis »DDR« Geborene. Und da ich niemals im venezianischen Palazzo leben werde, verdinge ich mich zur Zeit in Rheinsberg als Freiwild für gewalttätige Jugendliche in der unmittelbaren Nachbarschaft.

Was tut eigentlich die PDS gegen die Neonazis?, frage ich mich zwischendurch. Wo bleibt sie, wo spricht sie laut? Was ist mit dem Antifaschismus der deutschen Einheitssozialisten, wenn er aktuell und konkret werden soll?

Denke mir die DDR weg. Fange bei Kriegsende an. 1945. Sehe das Schloss, den See, denke Frieden.

Es regnet in Strömen. Wenn ich die Stirn hebe, wird sie nass. Ich nehme wie immer keinen Schirm mit.

4. November

Flammend rotes Laub auf den Waldböden, moussierend, spritzig gelb an anderen Stellen. Nach einem ausgiebigen Spaziergang, ich spüre mein Gesicht von der Kälte glühen, besuche ich Karolin in der Galerie. Sie zeigt mir strahlend Fotos von dem Haus, das sie und Helmuth gekauft haben, die Ruine, die sie bis zum Sommer ausgebaut haben wollen. »Ein Hexenhaus isses«, flüstert sie mir geheimnisvoll zu. Ich soll mal rauskommen. Dann erzählt sie mir eine seltsame Geschichte über einen ausländischen Bürgermeister.

Ich gehe der Sache nach: im Nordosten von Berlin liegt der Ort Altlandsberg mit 4400 Einwohnern. Diese haben zum zweiten Mal den indischen Arzt Ravindra Gujjulla zu ihrem Bürgermeister gewählt, mit 81 Prozent der Wählerstimmen. Auch das gibt es, ein Inder mit dunkler Hautfarbe, der alle Konkurrenten weit hinter sich lässt – eine rühmliche Ausnahme in Brandenburg. Zu DDR-Zeiten übrigens durfte der Familienvater, der seit 1973 in Deutschland lebt, in Greifswald studierte und 1993 die deutsche Staatsbürgerschaft annahm, nicht kandidieren. Erstmals im Frühjahr 1989, bei den DDR-Kommunalwahlen, waren Ausländer zugelassen. Doch die zentrale Wahlkommission strich Gujjulla von den Listen für das Stadtparlament. Ausländer sollten nur dort gewählt werden, wo sich besonders viele Ausländer aufhielten. In Altlandsberg aber gab es nur den Arzt aus Indien.

Am Abend fahre ich mit dem Wagen die 30 Kilometer zu meiner »Vollmondlesung« über die Grenze von Brandenburg nach Neustrelitz ins Mecklenburgische. Irre in der Stadt herum, bis ich endlich das Hotel »Schlosspark« finde, in dem bei jedem Vollmond spätabends eine Lesung stattfindet. Eine verrückte Idee! Ich habe lauter Erotisches im Gepäck, das, nicht ganz ohne Scham von mir vorgetragen, den Neustrelitzern wundersam Spaß macht. »Sie in Berlin, Sie schämen sich vielleicht, wir hier in Neustrelitz nicht«, ruft mir eine ältere Dame verschmitzt zu. Vollmond und Wein, ein auf diese seltsamen Nachtlesungen eingespieltes, sehr gemischtes, aufgeschlossenes Publikum. Ich fühle mich befreit und tollkühn – eine der schönsten Lesungen, die ich bisher hatte.

Im Foyer wird um eine Spende für den Wiederaufbau des Neustrelitzer Schlosses gebeten; es brannte 1945 aus und wurde nach dem Krieg gesprengt. Neben der Sammelbüchse ein Stapel Bücher über die schöne Luise, Königin von Preußen, die in Neustrelitz begraben liegt.

Auf dem Rückweg begegnet mir ein Rehbock. Er steht unter dem Vollmond auf der Landstraße und leuchtet mit seinen Augen dem Auto entgegen, bevor er sich bequemt, die Fahrbahn wieder zu verlassen. Hab' zum Glück nur zwei Gläser Wein getrunken.

5. November

Ein Fernsehteam vom ORB trifft am Morgen in der Stadtschreiberwohnung ein und will ein Porträt der Stadtschreiberin für das Magazin »Ungeschminkt« drehen. Christiane, die den Film konzipiert hat, ist gut vorbereitet. Nach einigen Aufnahmen von meinem Schreibtisch schippern wir einsam zwei Stunden über den Grienericksee mit einem Ausflugdampfer, der uns kostenlos zur Verfügung gestellt wird; ich rede zur Kamera, eingemummelt von oben bis unten, den eiskalten Fahrtwind im Gesicht, und rede und rede. Ich kenne das schon, zwei, drei Minuten werden sie davon herausschneiden. Aber immerhin, die Sonne scheint, das Licht ist brillant, mir fliegen die Sätze über Rheinsberg, die mir am Herzen liegen, nur so zu, wir müssen nichts wiederholen, wohl auch, weil mir meine Filmerfahrungen helfen und die Atmosphäre mit dem Team gut ist. Später streifen wir durch die Stadt, die Kamera immer hinter mir her. Und dann zum Internet-Café, wo wir ein Gespräch mit dem nervösen K. verabredet haben; treffen dort drei ratlose Kinder an – vor verschlossener Tür. Auch sie hatten sich noch gestern mit ihm für heute zum Surfen im Internet verabredet. Nirgends ein Zettel. Ja, seine ABM-Stelle sollte auslaufen, das war seit langem bekannt, aber so – von einem Tag auf den anderen, ohne ein Zeichen, einfach geschlossen? Wir drehen auch das.

Übrigens habe ich es tatsächlich geschafft, die Monate über Georg nicht mit in mein Stadtschreiberbett zu nehmen. Und der letzte Monat sollte nun kein Problem mehr sein. Ich könnt' vielleicht auch nicht recht unterscheiden, ob er nicht auch mein Bodygard ist.

6. November

Das Hexenhaus, das Karolin und Helmuth gekauft haben, liegt in der Nähe von Binenwalde. Es ist in Wahrheit ein richtiges Anwesen, ein Bauernhof mit drei Häusern und einem großen Innenhof. Die frühere Besitzerin, sie ist sehr alt geworden, lebte allein und konnte an dem Hof nichts mehr reparieren; sie hieß Niquet, ein hugenottischer Name; die Leute im Dorf nannten sie kurz die alte Nick. Sie hatte den Ruf, eine Hexe zu sein. Wenn sie einen Stall betreten hatte, starb mit Sicherheit bald darauf ein Bock, oder die Milch wurde sauer, oder jemand wurde krank. Karolin erzählt mir die Geschichte der Dorfhexe mit diebischer Freude, und ihr gefällt offensichtlich die Vorstellung, deren Haus zu beziehen. Will sie ihre Nachfolgerin werden? Die beiden zeigen mir die Schäden an Scheune und Haus, sprechen von zwei Schafen, die mit ihnen hier wohnen werden, Jimmy und Jonny, Hund und Katze sollen auch nicht fehlen. In der Scheune kann man vielleicht später Veranstaltungen machen. Und das sollen später die Zimmer der Mädchen werden. Die kleinere der beiden Töchter, Sarah, hat übrigens im Oktober noch im See bei Binenwalde gebadet. Ja, der See, die Lage ist wahrlich zauberhaft. Ziehe den Hut und wieder Leine.

Trudel kurz in Rheinsberg ein, um meine Sachen für Berlin zu holen, und habe fast schon heimische Gefühle. Mir ist die Monate als Stadtschreiberin noch nichts passiert, habe nicht eine einzige böse Erfahrung gemacht. Was will ich mehr? Lass die Rheinsberger doch sein, wie sie wollen! Der Kalte Krieg ist vorbei. Jetzt ist auch Kohl weg. Das »Links-Rechts«-Schema existiert nicht mehr, vielleicht heißt links oder rechts nur noch, für oder gegen Ausländer zu sein. Und nicht einmal das mehr. In Rheinsberg sind die Skins verschwunden, seit ich hier eingezogen bin, Hof halte, residiere, nein, ihnen auf der Spur, auf den Fersen bin; waren nicht mehr gesehen. Ach was, natürlich sind sie nicht verschwunden! Ich gestehe, ich suche die Glatzen auch nicht gerade. Ich stolpere nicht über sie, das stimmt. Aber dass ich nun in die Wälder ziehe oder mich nachts allein in die Stadionnähe oder in den Spielsalon begebe, freiwillig, kann ich nicht behaupten. Danke. Nein. Und wer erwartet das von mir? Und wer sagt, dass ich sie da auch treffe?

Das Datum der Pogromnacht, der 9. November, liegt dieses Jahr nicht an einem Wochenende, und sie ist ja wohl gemeint, als Jugendliche aus der Gegend um Rheinsberg in dieser Nacht durch Berlin ziehen und mehrere Menschen wahllos überfallen und schwer verletzen.

Was zählt da eigentlich in dem Zusammenhang das Argument, das immer wieder kommt, die Schläger seien eben besoffen gewesen, seien eh nur verblödet und deshalb nicht ernst zu nehmen? Was nützt das denn den Geschlagenen? Sind die Schläge, die sie trafen, deshalb weniger brutal? Sind sie deshalb banal?

Wieder eine Schlagzeile: ein Ausländer ist nach einem Überfall mehrerer Skins verblutet. Ich sehe die Blutlache in Berlin im Fernsehen, kann sie mir nicht erklären. Was haben sie mit ihm gemacht? Das Bild sieht aus wie nach einem schrecklichen Gemetzel. Waren da Schlächter am Werk? Ich erzähle ratlos Georg davon, der mich vor dem Fernseher hocken sieht; ich starre auf den Bildschirm, obwohl ich ihn schon ausgestellt habe. »Woher kommt nur das viele Blut?«, frage ich ihn. Und dann coole Abgeklärtheit: »Ist doch klar!« – »Was ist klar?« – »Na, die sind so.« – »Wie sind sie?« – »Na, so brutal.« Georg findet mich schrill, als ich mich über seine Abgebrühtheit errege. »Ich bin eben ein Kind der Achtziger.« Wieder verstehe ich kein Wort. »Was heißt das, mein Sohn?« Ich rauche und wundere mich. Ein Generationskonflikt soll sich hier auftun? Ich bitte um Definition. »Wir sind postmodern, cool und ironisch.« Und auch das sagt er ironisch. »Prima, dir selbst gegenüber aber bist du gar nicht cool, da bist du gern wehleidig, sensibel und empfindsam, und nicht zu knapp.« Womit ich unseren ersten Streit vom Zaun breche.

Nachdem ich mich ein bisschen ausgetobt habe, schiebe ich Georg einen Artikel unter. »Lies das mal!«

Da ist die Rede davon, dass sich seit der Wende die Erscheinungsformen von Gewaltdelikten gewandelt haben: Der Berliner Gerichtsmediziner T. von der Charité stellt eine bemerkenswerte Veränderung der Tatwaffen fest. Waren früher vorrangig spitze oder scharfe Mordinstrumente wie Messer oder Schusswaffen gebräuchlich, ständen heute stumpfe Schlaginstrumente im Vordergrund. Eine Veränderung, die er nicht deutet, die er sachlich konstatiert. Auffällig sei der enthemmte Totschlagwille, meist mit Baseballschlägern. Oft reiche es den Tätern nicht, zuzuschlagen, sie würden immer wieder so lange auf den Schädel eindreschen, bis er zertrümmert sei. Auch fiele auf, dass die Täter mit Hilfe von Springerstiefeln ihre Opfer förmlich in den Boden zu rammen beabsichtigen. Beschreibt die Obduktionen.

7. November

Die »Lange Nacht der Künste«, die zweite in Rheinsberg. Schon tagsüber ein Flirrren, eine Nervosität in der Luft; Rheinsberg putzt sich. Der Tag bereitet die Nacht vor. Stundenlanges Fiebern im trüben Novembertageslicht, ein nervöses Stühlerücken. (Wird die Koordination, werden die verschiedenen Aktionen gelingen? Werden genug Besucher kommen? Werden zu viele für diesen oder jenen Veranstaltungsraum kommen?) Selbst ich wische den Boden der Stadtschreiberwohnung, als würden die Besucher mit Einbruch der Dunkelheit auch durch meine Räume strömen. Und als ich das Haus verlasse, kommt mir Karolin mit einem Wischeimer entgegen.

Um 17 Uhr ist es soweit, es ist dunkel, stockdunkel. Die Türen öffnen sich, die Pforten, die Schlosstore, Marstall, »Galerie Zopf«, Musikakademie. Die verhaltene Nervosität der Vorbereitungszeit entlädt sich, eine Elektrizität bis weit nach Mitternacht. Ich habe noch nie solch ein stilles Feuerwerk erlebt. Rheinsberg, heute sag ich »santé« zu dir! Über der Champagnerstadt ein angedetschter Mond, vor drei Tagen war er noch voll, leuchtet verhangen hinter Nebelschleiern auf das Treiben und Strömen und Lachen der Menschen. Wer hatte bloß diese verrückte Idee? Nicht vergleichbar mit Tagen offener Türen, in denen quasi nüchtern, aufklärerisch Einblick gewährt wird hinter Mauern, die sonst verschlossen bleiben. Wenn sich nachts Türen öffnen, ist es etwas ganz anderes, ist es etwas Besonderes, auch Erotisches.

Am 7. November, als in Rheinsberg die lange Nacht der Künste funkelte, wurde in Neuruppin auf dem Jahrmarkt vom Martiniplatz ein türkischer Asylant von einer Gruppe rechtsradikaler Jugendlicher angegriffen und schwer verletzt. Er versuchte in eine Imbissbude zu flüchten, blutend, die Besitzer aber ließen ihn nicht ein, verwehrten ihm Hilfe. Sie werden vernommen. Unterlassene Hilfeleistung ist ein Straftatbestand. Der Leiter der Polizeihauptwache Neuruppin hob hervor, dass derart schwere Straftaten auf dem Martiniplatz selten seien. Lediglich 1996 wurde ein ähnlicher ausländerfeindlicher Vorfall registriert. Opfer war damals ein Holländer. Es folgt eine Litanei der Ehrenrettung von Neuruppin wie die der mir schon allzu vertrauten von Rheinsberg. Beschwichtigungen, Verharmlosungen: »Wenn sich tausende Besucher auf einem Jahrmarkt drängeln, seien Zwischenfälle wie Schubsereien und Pöbeleien, zumeist von Betrunkenen, fast normal.«

Auf den rechtsradikalen Hintergrund und darauf, dass gezielt ein Ausländer Opfer war, geht der Leiter der Polizeihauptwache nicht mehr ein, stellt auch keinen Zusammenhang her zu der Häufung solch massiver Überfälle in ganz Brandenburg. Auch wenn sie in Neuruppin selten seien. Und was haben Schubsereien, Pöbeleien mit einem Schwerverletzten zu tun? Weiter heißt es:

»Auch seien Gerüchte kaum zu widerlegen, dass es auf dem alten Martiniplatz häufiger zu Prügeleien gekommen sei. Gegen unbelehrbare Störenfriede würden Platzverweise ausgesprochen. In der Stadt existierten aber keine Jugendgangs, die gezielt erscheinen, um Tohuwabohu zu machen.«

Gerüchte, unbelehrbare Störenfriede, keine Jugendgangs, Tohuwabohu – wie passt dieses Vokabular zu dem Faktum einer rassistisch motivierten, schweren Körperverletzung? Dieses ständige Leugnen des politischen und ideologischen Hintergrunds, und da bin ich mir ganz sicher, wird die Gewalt nur verschärfen.

Was erzählte mir U. R., der Kellner vom »Seehof«? In Potsdam wurde vor einiger Zeit ein Schwarzafrikaner von Skins blutig geschlagen, er lief weg, schrie um Hilfe, auf eine Schlange wartender Taxis zu. Keiner der Taxifahrer half ihm. Jetzt lief eine Fernsehsendung, in der einer der Taxifahrer gefragt wurde, warum er keinen Beistand geleistet habe. »Warum sollte ich einem Ausländer helfen? Der wird schon irgendwie selbst schuld sein.« Und der Imbissbudenbesitzer in Neuruppin, denkt der auch so? U. R. vermutet, der Taxifahrer hatte Angst vor seinen Kollegen; er wäre bei ihnen unten durch gewesen, wenn er einem Schwarzen geholfen hätte. Und sicher auch Angst, daraufhin selbst verprügelt zu werden. So sei die Stimmung. Ist so die Stimmung? Einverständnis, Angst? Horden beherrschen die Straßen? Horden, vor denen alle kuschen? Doch »national befreite Zonen«?

Man lässt die Opfer im Stich. Hilft nicht. Warum hilft niemand? In der DDR wurde immer viel von Solidarität geredet, geradezu beschworen wurde sie. Für wirkliche Solidarität braucht man Mut. Das vorherrschende Gefühl aber, das ich von der DDR erinnere, ist Angst. Überall. Selbst eine Frage zu stellen, konnte gefährlich werden. Überall. Solidarität? Nein. Was mir aus der Kindheit so vertraut ist: im Stich gelassen zu werden. Niemand hilft. Und sich an niemanden wenden zu können. An wen hätte man sich wenden können? Keine Vertrauensperson. Kein Kummertelefon, kein Kindernotdienst, kein Schulpsychologe, kein Lehrer, kein Nachbar.

Überall öffentliche Kontrolle eines Staates, der seine Menschen durch und durch durchleuchten wollte, mit Röntgenaugen, notfalls mit feindosierten, auf lange Sicht tödlichen Röntgenstrahlen, diffus und leise und schleichend und schwer nachweisbar, seine Feinde auf solch perfide Art und Weise ausschalten, umbringen konnte. Ein Sinnbild der totalen Überwachung. In dieser Atmosphäre kann nur das Gegenteil von Zivilcourage oder der schlichte Mut, dem Nächsten helfen zu wollen, wachsen: Angst. Niemandem etwas erzählen, besser nichts laut sagen. Jedes Wort kann gefährlich sein. Und mit jedem Wort würde man vielleicht nicht nur sich, sondern auch andere gefährden. Parteiausschluss, Rausschmiss aus der Uni, berufliches Ende. Alles, was öffentlich wird, konnte einem an den Kragen gehen. Zivilcourage ist öffentliches Sprechen. In der DDR herrschte Sprechverbot. Selbst Schweigen im falschen Moment konnte gefährlich werden. Angst innen, Angst außen. DDR-Solidarität – ich habe sie nie am eigenen Leib erfahren. Solidarität war in der DDR so abstrakt wie Antifaschismus.

Das unsichtbare Feuerwerk durchzaubert indes die Königs-Stadt, glitzerndes, funkelndes Rheinsberg. Ich schließe mich der nächtlichen Schlossführung über die Restaurationsarbeiten an. Es kommen mindestens doppelt so viele Menschen wie erwartet, doppelt so viel, als der Restaurator verkraften, als ein Saal des Schlosses fassen kann. »Das geht so nicht, da müssen wir ganz schnell was erfinden. Ich bin nur der Kastellan (alles lacht), folgen Sie mir bitte.« Mit schnellen Schritten durchpflügt der Kastellan Dr. F., der in Wahrheit der Schlossherr ist, die geduldig wartende, erwartungsvolle Menge und führt einen Teil voraus. Extraführung. Kenntnisreich, mitreißend. Dr. F. teilt böse Schelte den zum Teil anwesenden Stadtvätern aus.

Wir stehen vor den Fenstern zur Brücke. »Diese barocke Sichtachse gibt es nur in Rheinsberg, sie ist in ganz Brandenburg einmalig. Wenn man hier eine Fußgängerampel und einen Parkplatz hinsetzt und zusätzlich auch noch einen Zirkus, zerstört man die Schönheit des Blickes und braucht sich nicht zu wundern, wenn keiner mehr nach Rheinsberg kommt.« Ich stehe glücklich strahlend da.

Das macht er hier in aller Öffentlichkeit? Nicht unter vier Augen mit dem Bürgermeister, kein Gekungel, eine öffentliche Anklage, wer wagt denn so was noch? Nein, er unterstellt keinen bösen Willen, gar nicht. Aber er fragt, ob sie wissen, was sie tun. Ein Kämpfer, ein Krieger, dieser Kastellan.

Da sitzt eine junge Restauratorin und führt die Vergoldungsarbeiten in vier Schritten vor; da berichtet Dr. F. von den wundersamen Bergungsarbeiten der in der Nachkriegszeit zerschlagenen Kamine, die irgendwo zur Uferbefestigung in der Nässe, am See lagen, berichtet von Gesprächen mit einem alten Rheinsberger Offizier, der ihm erklären konnte, warum manche Kamine sorgfältig auseinandergenommen und fein säuberlich verpackt und andere brachial zerstört wurden (die älteren Arbeiter brachten es nicht übers Herz, sie zu zerschlagen, die jüngeren sehr wohl); erzählt von nach dem Krieg herausgeschlagenen Holzplatten des Bodens, die man im Kohlenschuppen des Kavalierhauses fand, sie schützten die Kohlen vor Feuchtigkeit. In allem weist er hin auf Schichten der Geschichte, die während der Restaurierung und nur da, sichtbar werden.

Und ich weiß, meine schönsten Momente in Rheinsberg erlebte ich im Schloss, beim Schloss, am Schloss, um das Schloss herum. Als würde ich in seiner Nähe in einen anderen Zustand geraten. Harmonie von

Welt und Ich, auch das. Ich kann leider nicht überall sein in dieser flächendeckenden Veranstaltungsnacht, das kann keiner, und so ist es auch gemeint. Die Gleichzeitigkeit der Ereignisse verwirrt, hält in Atem. Streune noch einmal, ein letztes Mal durch die Potpourri-Ausstellung im Erdgeschoss des Schlosses, die üppige barocke Ansammlung der verrücktesten Gefäße von zeitgenössischen Keramikern. Meine Favoriten sind immer noch die Hausfrauenpokale, ringsum dekoriert mit Darstellungen von Pin-up-Girls.

Danach in die »Galerie Zopf«, dort die letzte Vernissage in den Räumen des Kavalierhauses, bevor die Galerie ihre neuen Räume bezieht. Des Galeristen H. neuester Entwurf, den er Papagena nennt und an dem sich auch andere Keramikkünstler beteiligt haben: Schalen, Dosen in hübscher Vaginaform. Bei mancher Papagena liegt ein schmaler, langer Löffel, der zufällig an einen durchteilten Phallus erinnert. Die Dosen mit einladenden Öffnungen, wofür, Pralinées hineinzuwerfen? Nein, mein Füller passt gerade gut durch solch ein Loch.

So verbinden sich Künste. H. hat eine erotische Ausstellung kreiert, und ich schreite zu meiner erotischen Mitternachtslesung in die Bibliothek.

Auf dem Weg sehe ich in den erleuchteten Wohnstuben Rheinsberger Familien vor den Fernsehern sitzen. Kamen wieder nur vor allem Fremde?

8. November

Was einem sagen, der noch nie in Rheinsberg war? Sie haben da ein bemerkenswertes Schloss und einen schönen See und eine hübsche Kirche und viele Restaurants. Ja. Und es wird viel für die Kultur getan.

Lese beim Frühstück in der »MAZ«: Zum dritten Mal wurde im dreizehn Kilometer entfernten Flecken-Zechlin von Unbekannten der russische Ehrenfriedhof geschändet. Drei Jugendliche sind tatverdächtig, bestreiten aber. Drei Mal haben Schüler der Gesamtschule die Gräber wieder in Ordnung gebracht, auf Initiative vom Leiter der Jugendbildungsstätte des DGB in Flecken-Zechlin. Schüler aus dem Ort waren allerdings nicht zur Beseitigung der Schäden zu gewinnen. Dies bedeute jedoch nicht, dass sie sich mit den Tätern solidarisierten; es wird vielmehr vermutet, dass sie Angst vor Repressalien haben. Flecken-Zechlin würde so seinen schlechten Ruf als braunes Nest nicht los. Nun wurden die fremden Schüler (woher kommen sie?) in der Russischen Botschaft Unter den Linden in Berlin empfangen und ihnen der Dank des Botschafters ausgesprochen. Ein Foto der Geehrten.

Nebel umhüllt das Schloss, Nebel über Rheinsberg. Nebel über allem. Als wärs von milchigem Glas umgeben. Und doch verändert sich's unmerklich und unerwartet jeden Augenblick.

Fahre diesmal schon am Vormittag nach Berlin.

Ruben und ich üben fürs nächste Diktat. Er liegt mir in den Ohren, möchte bei seinem chinesischen

Freund Gar Hang übernachten. Ich habe nichts dagegen, obwohl ich etwas beleidigt bin; schließlich war ich ein paar Tage nicht da und erwarte, dass man sich mit mir abgeben will und nicht gleich zum erstbesten Freund verschwindet. Frage mich ernsthaft, warum Gar Hang nie bei uns schläft. Hatte es schon mehrfach angeboten. Frage wieder. Ruben hat nun herausgefunden, dass Gar Hangs Eltern nicht wollen, dass ihr Sohn bei Deutschen übernachtet. Wie bitte? Ja, sie verbieten ihm, bei Deutschen zu schlafen. Bei chinesischen Freunden dürfe er. Und Boi, ein chinesisches Mädchen in seiner Klasse, hätte es noch schwerer. Sie dürfe selbst zu ihrem Geburtstag keine deutschen Freunde einladen, nur chinesische.

Am Nachmittag kommt der Drachentöter vorbei, um mit mir den neuen Fahrersitz zu besorgen. »Georg, weißt du, wie ich das Auto gekauft habe, das war lustig. Die Männer um mich herum haben furchtbar gescheit geredet, aber das wars dann auch schon. Ich habs schließlich mit Rubens Hilfe allein gemacht. In Neukölln haben wir ihn uns angesehen, und ich war so blöd, dass ich noch nicht mal gemerkt habe, dass es ein altes Taxi ist. Ich habe Ruben gefragt, nehmen wir ihn, er hat genickt, und da habe ich ihn eben gekauft, von zwei Jugoslawen. Danach sah alles so aus, als hätten uns die beiden Jugoslawen Schrott angedreht, ein altes Taxi, du grüne Neune, alle klugen Männer haben nur mit dem Kopf geschüttelt: ›Wie konntest du nur!‹ Aber der Wagen ist prima, er hat keine Macken, wirklich, nur dieser blöde Fahrersitz.« Also, in der Wielandstraße ist eine Werkstatt mit Sammelstelle für alte Mercedesteile. Und wir finden dort einen passablen, nicht so ausgeleierten Sitz, der eigentlich auch passen sollte. Georg schlägt vor, das gleich auszuprobieren, auf der Straße vor der Werkstatt. »Die haben Werkzeug, falls wir was brauchen.« Hat wieder den roten »Blaumann« an und macht das ganz ordentlich mit dem Sitz. Aber der Sitz sträubt sich, er will nicht recht eingeschraubt sein, auch nicht mit dem fachmännischen Werkzeug. »Ist verzogen, geht nicht!«, schnauft Georg, nachdem er eine halbe Stunde mit mir gezerrt und gezogen hat. Schweiß läuft ihm übers Gesicht. Es muss jemand aus der Werkstatt mithelfen – und ein Stemmeisen. Nu isser drin. Manchmal ganz gut mit 'nem Mann an der Seite.

Olga und ich sehen am Abend im Fernsehen einen Film über Zebras. Später, als sie schon schläft, lösche ich das Licht neben ihrem Bett. Ich sehe, sie hat sich den Schlafanzug heimlich wieder ausgezogen, trägt nun, ganz Zebra Olga, ein schwarz-weiß gestreiftes T-Shirt. Denke über den Nachahmungseffekt nach. Der Mensch als Papagei, Graugans, Zebra.

Im Bett lese ich im »Tagesspiegel« einen Artikel über eine Schülerbegegnung. Eine Berliner und eine Brandenburger Klasse essen und feiern miteinander. Einer der Brandenburger Gastgeber sagt bei dieser Begegnung den schlimm-schönen Satz: »Für die Berliner sind wir eigentlich auch Ausländer!« Und dieses Verständnis und die Erweiterung des Begriffs »Ausländer« kann ja nur ein Anfang von Veränderung sein. Allerdings werden zum Abschluss den türkischen

Schülern aus Berlin die Fahrradreifen zerstochen, sie werden angerempelt, angepöbelt, hören ständig ausländerfeindliche Sprüche. *»Ich fahre nie wieder hierher, mir ist das zu gefährlich«*, versichert einer von ihnen nach dem Treffen. Der Lehrer versucht, ihn zu besänftigen. Er fände den Austausch nämlich trotzdem gelungen. *»Die Klassen haben sich toll miteinander verstanden. Solche Pöbeleien zeigen nur, wie wichtig so ein Projekt ist.«*

Mag sein. Aber ich frage mich, ob man ausländische Schüler den Ausländerhassern zum Fraß vorwerfen und sich davon auch noch Besserung versprechen sollte. Es ist so schwierig. Natürlich ist es nötig, dass die Berliner und Brandenburger Schüler sich kennen lernen. Was sonst soll man tun gegen die neue, die unsichtbare Mauer um die DDR mit ihren Altlasten? Als dass die nicht verhetzten Schüler wenigstens einmal mit einem Türken geredet, gegessen, gefeiert haben. Aber trotzdem bleibt die Angst, die ausländischen Kinder bei solchen Bekehrungs- und Aufklärungsreisen ins Umland zu gefährden. Ich jedenfalls hätte sie als Lehrerin.

9. November

Olga hatte einen Traum:

In dem anderen Land, sie nennt es das Land mit der Grenze, sucht man sie seit langem, weil dort der andere Teil von ihr lebt. Als sie dort endlich ankommt, kann sie ihre andere Hälfte nicht gleich finden, denn dieses Land ist ein Irr-Land, in dem sie sich immerzu verläuft. Ich frage sie: Irland? Nein, Irr-Land, wie ein Labyrinth. Als sie ihren anderen Teil endlich findet, verschmelzen die beiden miteinander. Sie versuchen daraufhin zusammen zu fliegen. Aber das Fliegen will ihnen nicht recht gelingen, sie starten, heben ab, landen aber immer gleich wieder. Olga lacht, als sie das erzählt. Sie passen noch nicht richtig zusammen, sagt sie. Weil sie sich noch nicht kennen und bisher in verschiedenen Ländern gelebt haben, schaffen sie es noch nicht, zusammen zu fliegen. Sie kann einiges nicht, was er kann, und kann dafür aber einiges, was er nicht kann. Es ist also ein Er, ihr anderer Teil? Ja. Und warum wollen sie zusammen fliegen? Weil sie Hunger haben.

Ich erzähle ihr von Platons »Abendmahl«, in dem er Aristophanes die Geschichte von den einst vereinten Paaren in den Mund legt: Mann und Frau waren früher eins, wurden getrennt, und nun muss jeder seine andere Hälfte suchen. Wenn er sie findet, ist es Liebe.

Olgas Traum ist auch ein Wiedervereinigungstraum: Sie ist 1990 geboren, also nach der Wende; die DDR kennt sie nur aus Erzählungen, und nun reist sie im Traum in ein Land, das es nicht mehr gibt. So wie ich als Kind vom brennenden Dresden meiner Mutter geträumt habe, das ich nicht gesehen habe. Träumen wir stellvertretend für unsere Mütter?

Das Land, aus dem ich geflüchtet bin, von dem ich nie Abschied genommen habe, nicht Abschied nehmen konnte, und auch nicht verabschiedet wurde. Wortlos, grußlos. Seltsam, vielleicht verbinde ich deshalb ein großes Schweigen mit diesem Land. Wie ein scheues Tier komme ich wieder. Neugierig, ob ich nun aufgenommen werde, ängstlich, ob ich erneut fliehen muss, die Fremde unüberwindlich ist. Eine höfliche Verbeugung der Wiedernachhausekommenden ist das Äußerste an Zuneigung, was mir möglich ist. All meine Vorsichtsmaßnahmen sagen: Zuhause – das gibt es hier nicht, nicht mehr. Nirgends ist mehr Fremde als hier. Deshalb wohl auch niemals Euphorie, Übermut verspürt mit dem Fall der Mauer. Freude, ja, noch immer, eine leichte Genugtuung, auch Erleichterung, Neugier. Und Irritation: stand ich schon einmal vor diesem Haus als Kind, kenne ich diese Ecke, diesen Baum? Was wird jetzt an meine Zerrissenheit rühren? Es soll nichts daran rühren, es soll nicht. Aber meine Verbeugung ist gutmütig gemeint. Es gibt keinen Hochmut. Die Fremde lehrt die Grenzen. Es ist nicht einfach für mich, zurückzukommen in eine nur äußere Einheit. Kein Übermut. Exil ist immer. Sprache. Immer verletzbar. Ungemütlich. Manchmal ist Demut im Spiel. Und Zurückkommen heißt in meinem Fall auch wieder Kind sein. Verletzbar. Und wer hat eigentlich einmal nachgeschaut ins Innere der Geflüchteten und nach der geteilten, gespaltenen Seele, der unüberwindlichen seelischen Grenze gesucht?

Und wenn nicht hier, wo sonst das Gefühl, nicht wieder hineinzukommen, nicht mehr dazuzugehören? Das Land, das jeden nicht offiziellen Gast, jeden harmlosen Fremden, der hineinwollte, misstrauisch kontrolliert hat, als käme er als Feind? Das Land, das einfache, selbstverständliche Gastfreundschaft nicht kannte. Das niemanden herzlich willkommen geheißen hat, sondern ihm den Weg versperrt hat mit Grenzen, Wachtürmen, Grenzposten, Schießbefehlen, Angst und unerträglichen Vorschriften und Schikanen. Schlimmer noch: das jeden, der hinauswollte, als Staatsfeind, Republikflüchtling kriminalisiert, mit Gefängnis, Folter und Tod bedroht hat. In diesem Land kann Fremdenfeindlichkeit nur die logische Folge sein.

11. November

»Georg, wo liegt Fangasso?« – »Weiß ich nicht. Nie gehört.« – »Und ich dachte, du wärst 'n gebildeter Mann. In Mali liegts.« – »Aha.« – »Und was weißt du über Mali?« – »Staat in Afrika, Frau Oberlehrerin.« – »Mehr hast du nicht zu bieten? Ich auch nicht. Schaun wir mal nach!«

Mali, sagt mein Brockhaus, ist ein Staat in Westafrika, die Einwohnerzahlen haben sich wahrscheinlich geändert, mein Brockhaus ist von 1971; Mali wird von Algerien, Niger, Obervolta, Elfenbeinküste, Guinea, Senegal und Mauretanien begrenzt. Hauptstadt ist Bamako. Amtssprache Französisch. Maße und Gewichte metrisch. Der Drachentöter und ich holen den Globus aus Rubens Zimmer, Rosetta hat ihn einst meinem Sohn geschenkt; wenn man den Stecker in die Steckdose steckt, leuchtet er. Wir suchen. Wir finden. Groß ist Mali. Fangasso finden wir nicht. Ist wohl kleiner. »Was hast du vor in Fangasso?«, fragt Georg misstrauisch. »Da wohnt mein Gatte. Nein, ist 'ne Partnerstadt von Rheinsberg.« – »Wusst ichs doch!«

Georg stöhnt gequält. »Jammer nicht, lies weiter vor!« – Mali ist der flächenmäßig größte Staat Westafrikas, jedoch gehört fast die Hälfte seines Gebiets zur Sahara und ist daher nahezu unbewohnt. Kern des Landes ist das mit tertiären und quartären Ablagerungen erfüllte Nigerbecken.« – »Verstehst du das?«, frage ich. »Halt dich nicht an Kleinigkeiten auf! Der Süden des Landes ist begünstigt durch die beiden großen Ströme Senegal und Niger und das tropische Klima. Die Mehrheit der Bevölkerung bekennt sich zum Islam, etwa 34 Prozent gehören zu Naturreligionen. Einige Katholiken und noch weniger evangelische Christen.« Der Drachentöter und ich kriegen den Blick ins Weite, Fernweh-Augen oder Reise-Gier. »Sind die das auch, die die Frauen beschneiden?«, zerhacke ich die Sehnsucht und hole uns zurück an den Küchentisch. »Moment mal, bist du die, die was gegen Vorurteile hat?« – »Ich frag ja nur.«

Und weil wir schon mal beim Reisen sind, schlägt Georg vor, mit meinem Taxi und den Kindern am nächsten Wochenende nach Rheinsberg zu kommen. Wenigstens einmal will er mich aus meiner Stadtschreiber-Einsamkeit aufscheuchen. Aber wo sollen sie nur alle schlafen? Ich kann gerade mal einen von ihnen in mein Stadtschreiber-Bett mitnehmen. Und bitte wen? Wir verabreden, ein Doppelzimmer im »Seehof« zu reservieren. Wie wir uns verteilen, werden wir dann sehen.

12. November

Traum: Ein mediterranes, altes Hotel, Frankreich, Matisse-Stimmung. Ich habe dort ein Zimmer reserviert, ein Einzelzimmer. Man sagt mir, das Zimmer sei belegt, von einem Mann und einer Frau. Nein, sage ich dem Portier, das Paar ist heute früh schon abgereist. Tatsächlich: *ich* bin mit dem Mann weggefahren. Das Doppelzimmer verwandelt sich flugs in ein Einzelzimmer. Ich kann allein einziehen, ich kann mich selbst beziehen.

Rubens chinesischer Freund darf nun doch bei uns übernachten. Mein Sohn hat von mir unbemerkt auf Gar Hang eingewirkt und der auf seine Eltern. So schnell kann das gehen. Wir verabreden, die Premiere soll im Dezember sein, sobald ich nicht mehr nach Rheinsberg muss.

Große, seltsam geordnete Formationen von Kranichen am grauen Himmel. Was sind sie so spät im Jahr noch unterwegs? Und wohin fliegen sie?

Der Zug fährt in Rheinsberg ein. Schneeluft vor dem Bahnhof. Dreihundert Meter weiter nieselt es, der Galerist H. hält neben mir, ich steige ein. Man habe »die Nacht der langen Messer« gut überstanden, habe auch schon gehört, dass ich mit Karolin bis 4 Uhr nachts unterwegs war. Was es Neues gebe? Ein Wasserrohrbruch im »Haus der Begegnungen«, wo H. im Keller die Materialien für seinen Töpferkurs aufbewahrt. Übrigens seien im »Haus der Begegnungen« die Verträge nicht verlängert worden.

Er hält vor Galerie und Stadtschreiberwohnung. Die schlechten Nachrichten wollen gar nicht zu seinem fröhlichen Schwung und dem verwegenen Käppi auf den dunklen Haaren passen. Karolin aquarelliert in der Galerie, einsam, aber fröhlich. Um die Jahreszeit scheint Rheinsberg wie ausgestorben.

Begrüßungszigarette.

Freundlich grummelnd, mit leiser Stimme wie immer, gibt sie mir zwei meiner Veröffentlichungen wieder, die ich ihr geliehen hatte; sie teile Bücher nach Farben ein, sagt sie: Es gibt blaue Bücher, rote, schwarze, rosafarbene. Die Literatur, die sie liebe, habe die Farbe Grau. Ich verstehe, was sie meint. Sie rechnet meine Art zu schreiben dazu. Unausgeschmückt, streng. Misstrauen gegenüber Rhetorik, kein Baden in den eigenen Phantasien, Lebensnähe, Trauer.

Karolin ist von ihrem Galeristenchef verpflichtet worden, nach der Arbeit bei seinem Töpferkurs im »Haus der Begegnungen« dabei zu sein. Sie geht gleich hin, gibt mir vorher noch zwei Briefe aus der 10. Klasse ihrer Tochter, jetzt habe ich schon ihrer fünf; es waren ungefähr zwanzig Schüler, und alle haben sie geschrieben. Muss ich den Lehrer anrufen, um die restlichen Texte einzutreiben?

Wieder auf dem Fensterbrett ein Teller mit Frühstück. Der Hausmeister bleibt mir treu.

Als erstes wie immer der Weg zum See, zunächst die Schiffsanlegestelle; nieseliges Grau – und doch ist es schön; ich atme Stille ein.

Gehe, so eingestimmt, zum Schloss, sehe keinen Menschen, stehe lange, lange einfach nur da, auf der

Brücke, dann am Wasser, später im Innenhof. Begrüße das Licht in der Tucholsky-Gedenkstätte.

Am Abend zwei Flaschen Rotwein mit Helmuth und Karolin. Später setzt sich der Besitzer des »Seehof« zu uns und spendiert zwei Flaschen südafrikanischen Rotwein, zum Schluss einen chilenischen. Hat er vor, mich zur Alkoholikerin zu machen? Mehr und mehr spricht sich herum, wer ich bin. Kann nicht mehr unbeobachtet beobachten, kann nicht mehr ungestört draußen schreiben. Die Großstädterin braucht Anonymität. Ich werde immer häufiger angesprochen. Weiß bald nicht mehr, wohin. Die Orte wiederholen sich. Jetzt könnte etwas anderes beginnen. Rheinsbergerin werden?

13. November

Freitag, der 13.

Bleibe bis zum Schluss schreckhaft im bezaubernden Rheinsberg. Nur ein Kind, das unerwartet aus einer Haustür springt, und ich zucke zusammen.

Kaufe Brot und Blumen.

Das Haus des Kämmerers neben dem Rathaus und gegenüber der Bäckerei ist das kleinste der Stadt.

Am Nachmittag wirbeln Ruben und Olga in den »Seehof«, Georg hinterher. Ruben und Georg beziehen Zimmer 34, packen Schlafanzüge und Zahnbürsten aus.

Olga hat beides in einer winzigen Handtasche mitgebracht. Sie schläft bei mir in der Stadtschreiberwohnung. Ich denke, meine Tochter will wohl Nomadin werden und liebt heute schon leichtes, handliches Gepäck.

Georg bekommt eine Niesattacke. »Ich habe Heuschnupfen!« – »Im November? Jetzt gibt's keine Pollen!« Er niest, niest und niest. »Ich habe trotzdem Heuschnupfen. Wenn ich aus der Stadt raus bin, muss ich niesen, egal, zu welcher Jahreszeit.« Erzähle den dreien, dass ich im Spätsommer 1961 das erste Mal in Rheinsberg war. Meine Eltern, ich, ein befreundeter Zahnarzt und dessen Frau; ein Wochenend-Ausflug.

1961 war ich fünf Jahre alt. Woran kann ich mich erinnern? Wir aßen damals im »Ratskeller«. Ich bekam Spiegelei und Spinat serviert. Im Spinat lag eine gekochte Schnecke begraben. An diese Schnecke erinnere ich mich. Der Zahnarzt hat damals ein Fass aufgemacht, der Kellner zog mit Spiegelei, Spinat samt Schnecke ab. Und ich konnte über ihn und den Spinat triumphieren. Georg beschließt: »Du musst heute Abend Spinat essen.«

Später, da es am frühen Abend schon dunkel und niemand, niemand unterwegs ist, wird der Gang durch den verlassenen Schlosspark zu einem geheimnisvollen Nachtzauber. Ich zeige meinen beiden ausgelassenen Wirbelwinden, wie sich das Schloss im Wasser spiegelt; heute flirrt es im Graben, und diesen kleinen Hinweis, dies Wenige braucht es nur, und sie werden still, setzen sich ganz nah mit ihren Anoracks ans Ufer, schauen, philosophieren leise miteinander, als gäbe es nur sie und das sich spiegelnde Schloss in der Nacht.

14. November

Radensleben, einen Katzensprung nur entfernt von Rheinsberg. Ich will den Kindern und Georg dort eine Ritterburg zeigen, in deren Turm ich, etwas später nach der Begegnung mit der Rheinsberger Schnecke, für ein paar Wochen gewohnt haben soll, in einem Rapunzelzimmer. Im Herbst 1961 war mein Vater, so erzählte er mir, für drei Monate, von Oktober bis Dezember, aus der Charité in diese Außenstelle der Universitätsklinik geschickt worden. Operierte Frauen lagen da, um die sich mein Vater kümmern sollte, und er nahm mich mit, weil er dort nicht viel zu tun hatte. Ließ mir im Turm dies Zimmer herrichten, setzte mich zur Unterhaltung der Patientinnen an ihre Krankenbetten; die Frauen lasen mir Märchen vor, und ich hatte eine ganze Ritterburg voller Babysitter. Im Turm allerdings blieb ich nicht lange, wollte nicht allein Rapunzel spielen. Ich erinnere mich übrigens an gar nichts, nur an den seltsamen Namen, Radensleben, und weil ich noch nicht lesen konnte und das weiche ›d‹ für eine mir vertraute sächsische Aussprache hielt, nahm ich damals an, dass dort Ratten leben.

Als wir vor der Burg halten, werde ich heiter. Das ist es, eine fröhliche Erinnerung, es muss eine lustige Zeit gewesen sein. Mehr weiß ich nicht. Und doch, noch etwas erinnere ich: eine Krankenschwester in der Nähe meines Vaters, die ich hasste, wie ich alle Frauen hasste, von denen ich glaubte, sie würden meine Mutter unglücklich machen. Mit der stritt ich über Stecker und Steckdose. Sie versicherte mir, ich könnte den

Stecker ruhig anfassen, in ihm sei kein Strom, nur in der Steckdose. Ich glaubte ihr nicht, weigerte mich, den Stecker anzufassen, bis ich sie zur Weißglut gebracht und mein Ziel erreicht hatte.

15. November

Meine französische Freundin Manon kommt für ein paar Tage aus Leipzig nach Berlin, und ich will sie vom Bahnhof Lichtenberg abholen. Sitze in der S-Bahn Richtung Lichtenberg, auf der anderen Seite des Ganges eine junge Mutter mit Kind. Sie schnauzt es ziemlich laut an. Im nächsten Moment kommen aus dem nächsten Wagen zwei Männer gestürmt, etwa achtzehn Jahre alt, die ich durch die offene Tür schon beobachtet hatte; sie saßen bis eben mit einem blonden hübschen Mädchen dort. Aufgebracht, nein, bebend vor Wut, bauen sie sich breitbeinig vor der überraschten Frau auf und dem noch erschrockeneren Kind. Völlig unvermittelt schlägt der eine der Mutter heftig ins Gesicht. Weist sie im Ton eines Feldwebels zurecht: »Hör auf, dein Kind anzuschrein, sonst setzt's was!« Die Wange der Frau ist sehr rot. Die beiden begeben sich nach vollbrachter Tat wieder zu dem blonden Mädchen, Siegerpose, heldenhaft. Der kleine Junge, nicht älter als vier Jahre, schaut ratlos, ernst, hilflos, fragend seiner Mutter von schräg unten ins Gesicht. Die blickt betreten, starr und schweigend vor sich hin, nimmt ihr Kind an die Hand und steigt die nächste Station, Warschauer Straße, aus. Ihr ganzer Körper wirkt gedemütigt.

Meine alte Haltung »Pack schlägt sich, Pack verträgt sich!« greift nicht mehr. Ich hatte sie mir zurechtgelegt für Prügeleien zwischen Eheleuten, für Paare, die immer dann gern zusammen über mich herfallen, wenn ich helfend einzugreifen versuche. Dies aber war keine Privatangelegenheit. Und eine völlig neue Situation für mich. Eine Nachwende-Situation. Junge Ost-Männer spielen Privatpolizei. Eine Frau wird in aller Öffentlichkeit geschlagen, gemaßregelt, weil sie ihr Kind, zugegeben etwas rau, erzieht. Sie hat es nicht geschlagen.

Ich sehe mir die Männer an. Sie sind keine Skins. Sie sind blond und gut gekämmt. Sie sind unauffällig gekleidet. Aber sie haben etwas auffällig Korrektes an sich. Woher kommt dieses Beben? Was brodelt in ihnen? Sie gebärden sich wie eine Ordnungsmacht, mit der moralischen Rechtfertigung, ein Kind zu verteidigen. Sie wirken auf mich wie die eigenen Väter und Mütter, genau mit diesem Verhalten züchtigender Eltern, und gleichzeitig wie die Rächer an diesen Eltern. Sie wirken auf mich, als hätten sie einen x-beliebigen Anlass gesucht, um zuzuschlagen. Sie wirken auf mich wie Vulkane. Ein unverhältnismäßiges Gewaltpotential schlummert da, eine Bereitschaft, alles kurz und klein zu schlagen, die nur mühsam gebändigt werden kann. Willkommen so ein Moment, in dem sie irgendeinen völlig willkürlichen Grund sehen, »für Ordnung zu sorgen«. Sie wirken auf mich wie Menschen, die die Demokratie für zu schlapp halten, um für die Ordnung zu sorgen, die sie für richtig halten. Also müssen sie es selbst tun. Die Szene hat etwas vollkommen Absurdes, da ich überdeutlich die Gewalt spüre, die sie selbst erlebt haben müssen und die sie nun an Schwächere und Hilflose weitergeben. Ebenso absurd die Reaktion der Frau. Die, die eben noch lautstark und herrisch ihre Autorität dem Kind gegenüber ausgespielt hat, lässt sich kleinlaut vor dem eigenen Kind schlagen und demütigen. Untertanen.

Und mein Verdacht: Sexualhormone waren im Spiel. Welches war die Rolle des blonden Mädchens im Hintergrund? Hat sie möglicherweise Anstoß genommen am Verhalten der Mutter? Hat sie vielleicht durch ihre Empörung die Jungen provoziert, vor ihr die Helden zu spielen? Im Konkurrenzkampf untereinander? Sie wirkte sehr befriedigt und einverstanden, als die beiden sich wieder zu ihr setzten.

Und ich muss es noch einmal loswerden: Dieses unter der Oberfläche brodelnde Gewaltbeben – das erlebe ich nur hier im Osten, das sind für mich die eigentlichen Altlasten der DDR. Ich muss einmal nachdenken über den Unterschied zwischen ziviler und militärischer Gesellschaft. Über die Auswirkungen einer Diktatur mit militärischem Charakter, in der noch die Anspannung der Nazizeit fortlebte, autoritäre Angst-, Unterdrückungs- und Machtstrukturen, die die Menschen überforderten, deformierten, demütigten. Die labile Seelen erzeugte, die sich Ventile suchen immer gegenüber den Schwächeren. Und das sage ich nun den beiden jungen Männern, als ich endlich aus meiner Starre herausfinde, ja, auch ich hatte Angst vor diesem erstaunlich unberechenbaren Beben, und endlich aufstehe, zu ihnen gehe und sage: »Im Zweifelsfall hat das, was ihr gerade gemacht habt, das Kind auszubaden.«

Es ist eben nicht nur ein vereinzeltes Problem von verirrten Skins und Rechten irgendwo in der Provinz, und es ist ja nicht nur ein Problem von Brandenburg oder Rheinsberg. Rheinsberg ist überall.

Am Abend schneit es ein wenig. Die Kinder, der Drachentöter und ich kratzen den dünnen Schnee von den Autos und bewerfen uns mit Schneebällen, mitten auf der Fahrbahn. Olga und Ruben wollen auf der Stelle in den Skiurlaub fahren. »Kannst du Ski fahren?« wird Georg gefragt. Ja, er kann und führt gleich einige Trockenübungen vor. »Mama kann nicht Ski fahren.« »Stimmt, kann ich nicht. Aber ich kann Rad fahren.« Worauf ich eingeseift werde.

Ich stehe da und sehe, wie Georg springt und lacht und mit den Kindern Blödsinn treibt, und ich wische mir den Schnee aus dem Gesicht und denke, was will ich denn mehr als diesen Mann und mit ihm und den Kindern Schneeballschlachten und andere Schlachten schlagen und behutsam wieder lernen zu lieben:
»Und diese menschlichere Liebe wird jener ähneln, die darin besteht, dass zwei Einsamkeiten einander schützen, grenzen und grüßen.«

19. November

Schnee, es hat wieder geschneit in der Nacht. Leiser Jubel. Die Welt jubelt lautlos, und ich auch.

Nachdem ich den ganzen Tag mit niemandem geredet, in der Stadtschreiberwohnung geschrieben habe, würde ich jetzt am Abend gern mit jemandem ein Glas Wein trinken. Das ist nicht leicht in Rheinsberg um diese Jahreszeit. Aber ich habe Glück, und es ergibt sich auch endlich eine Gelegenheit, auf die ich schon gewartet hatte: Die Besitzerin allein im fast leeren »Seehof«. Draußen ist es dunkel, der Schnee leuchtet, der Kamin brennt, der Rotwein schmeckt, und die jugendlich wirkende und fröhliche Frau gefällt mir auf den ersten Blick. Sie ist Architektin und kommt aus Berlin. Kurz nach der Wende, als nach dem ersten Boom die Auftragslage in der Berliner Baubranche schwieriger wurde, haben sie, ihre Schwester und ihr Mann, der ebenfalls Architekt ist (und der vor einigen Tagen die drei Flaschen Wein spendiert hat), haben die drei sich in Brandenburg umgeschaut und dann beschlossen, in Rheinsberg das noble Hotel im Landhausstil zu bauen und auch zu betreiben. Der Laden läuft, scheint's, und da das Ganze nicht den Eindruck der üblichen Alter-und-Junger-Fritz-Folklore macht, bin ich gespannt auf ihr weltmännisches Urteil. Sie sieht allerdings auch kein Problem mit der rechten Szene, das Thema existiert für sie nicht. Denn, wenn sie wirklich aggressiv wären, hätten sie längst die Blumenrabatte vor ihrem Hotel zerstört. Tatsächlich, das sagt sie. Weil man doch noch nicht die Blumenrabatte vor der Tür demoliert hat! Sie werden den Teufel tun. Ihre Gewalt zielt nicht auf Besitz, ist nicht gegen das Establishment gerichtet, sie sind keine Anarchisten oder Revoluzzer. Sie treten für Ordnung ein, für eine deutsche, eben für die Sicherheit der Blumenrabatte, zur Verteidigung der deutschen Blumenrabatte.

Warum poltert ein Geschichtsgeist in meinem Kopf und flüstert, ›das kennen wir doch‹? Warum fällt mir meine marxistische Erziehung ein? Das Sein bestimmt das Bewusstsein. Und dann wieder die Frage: Wird man zwangsläufig hier in Rheinsberg so? Eine heimliche geistige Verschwörung, die sich in ganz Brandenburg ausbreitet? Oder bin ich die Paranoide? Nein, bin ich nicht!

Rufe von der Stadtschreiberwohnung Georg an, erzähle ihm von Vilmo: »Ich habe einen Freund in Paris, der ist Ungar und Jude; er sagte mir einmal, politischen Verfolgungswahn, den gibt es eigentlich nicht. Wenn sich jemand politisch verfolgt fühlt, hat er auch einen Grund dafür. Ich hab damals gleich verstanden, was er damit meinte. Der Grund muss nicht aktuell sein. Sich verfolgt zu fühlen hat etwas Reales wie der Traum und die Angst. Was muss jemand erlebt haben, um überall Nazis oder die Stasi zu vermuten? Wenn er dann möglicherweise doch Recht hat? Und nur die anderen nicht die Sensorien entwickeln mussten, weil sie nie bedroht wurden, nie betroffen waren? Und der so Gepeinigte sich als psychischer Fall, als Kranker, als Paranoiker abgefertigt sieht, die übrige Welt derweil ihr Leugnungspotential kultiviert, um ruhig weiterschlafen zu können? Und schlimmer noch: der Begriff ›Paranoia‹ wird ja politisch missbraucht. Ich werde inzwischen immer misstrauisch, wenn die politische Angst vor Verfolgung psychologisch abgetan wird.«

Georg kennt das inzwischen, mein Denken beim Reden. Er hört geduldig zu. Nennt mich wieder »Inka-Kind«. Und sagt: »Mach dich nicht verrückt, bitte!«

Neben dem Bett aufgeschlagene Zeitungen, ein Foto blickt mich an: die Augen von Primo Levi. Er hatte die Augen derer, die im KZ waren, auch er. Man sieht es. Es bleibt. Trauer, Tiefe, auch Güte. Schrecken. Gebrochener Blick, gebrochene Seele. Wie oft habe ich schon diese Augen erkannt. Imre Kertész hat sie, Jean Améry hatte sie. Primo Levi hatte sie. Die meisten konnten sich mit ihrer kaputten Seele nur irgendwann umbringen, Selbstmörder, denen man die Seele kaputtgeschlagen hat, 60 Jahre alt, 70 Jahre alt. Sie haben Jahrzehnte versucht, weiterzuleben, zu verstehen, zu verkraften. Und es war doch nicht möglich. Dennoch ihr tapferer, schöner Versuch, dem Grauen eine Sprache zu geben. Ein Versuch, der über die Kräfte gehen muss.

20. November

Heute Abend läuft der zweite Film in der Halbstarkenreihe: »Jenseits der Stille«, der Debütfilm von Caroline Link, der für den Oscar als bester ausländischer Film nominiert wurde. Wie viele Jugendliche werden diesmal kommen? Wieder für nur 2,– DM zu haben. Wir haben C. mit seiner »Rhin-Jugend« eingeladen, der meinte, die 2,– DM könnten die Arbeitslosen nicht aufbringen. Wie das? Gibt es denn das Bier, das sie trinken, schon umsonst? Ach ja, C. spendiert es ihnen. Mit Speck fängt man Mäuse. Den Film wollte er ihnen offenbar nicht bezahlen. Ich sah ihn leider nicht mehr, bei meinen Lesungen nicht und nicht bei den Filmen.

Der Schnee bleibt dünn liegen. In der Nacht zu Samstag klirrender Frost. Ein klarer, ein schöner Abschluss meiner Zeit in Rheinsberg. Nur noch ein paar Tage, dann ist fast ein halbes Jahr um, vom Sommeranfang bis zu diesem überraschenden Wintereinbruch. Der Halbkreis schließt sich. Auf Wiedersehen, Rheinsberg. Es wird Zeit, dass ich Abschied nehme.

Ich verabschiede mich zum Beispiel von Frau und Herrn Schreibwarenverkäufer, bei denen ich fast täglich Zeitungen kaufte, manchmal Schulsachen für meine Kinder und auch die kleinen rostroten Büchlein, die ich hier vollschrieb. Die beiden gehören für mich zu den verschlossenen Ruppinern, ohne dass ich genau wüsste, ob sie wirklich von hier sind: reserviert, misstrauisch, mit einem Anflug von Melancholie. Erst bei meinem vierten oder fünften Besuch wagten sie ein Lächeln, tauten dann immer mehr auf, bis sie mir schließlich das Gefühl gaben, sie freuten sich, wenn ich zur Tür hereinkam.

Ich verabschiede mich von der Frau im Getränkemarkt, bei der ich jedes Mal drei leere Wasserflaschen abgab und drei volle und eine Schachtel Zigaretten wieder mitnahm. Einmal sagte ich ihr, als sie eine Bierkiste einem Mann hinterhertrug, sie solle doch nicht so schwer tragen, sie solle das lieber dem Herrn überlassen. Und auch da lachte sie. Es sei nur eine Ausnahme. Ein anderes Mal nieste sie, und ich fragte, ob sie erkältet sei. Und wieder jammerte sie nicht, strahlte mich an und verneinte. In einem wunderbar mit warmen Farben gestreiften Pullover empfahl sie mir bei meinem letzten Besuch einen argentinischen Rotwein, der so gut schmeckte, wie ihr Pullover leuchtete.

Ich verabschiede mich von U. K., dem Kellner im »Seehof«, der 35 Jahre in Schweden gelebt hat und den ich deshalb zu dem halben Dutzend Ausländer in Rheinsberg hinzurechne. Er bezeichnet sich übrigens selbst als Ausländer. Er hat 1994 das Haus seiner Großeltern im nahen Fürstenberg geerbt und arbeitet seitdem in dem von den Westberliner Architekten geführten Ausflugshotel im Landhausstil. Vor vier Jahren hätten 20 000 Schweden ihr Land verlassen, als Folge der Rezession, vor allem Richtung Amerika. Jetzt sei die Situation besser, und man könne überlegen, zurückzugehen. Er sagt, er habe inzwischen seine Erfahrungen mit den Ruppinern gemacht. Die erste Zeit sei schwer gewesen, erzählte er mir, er hatte Sehnsucht nach Schweden, und immer wieder ist er ausgebüxt gen Norden, wenn er zum Beispiel seine Eltern in Hamburg besuchte. Ab nach Schweden, wo 20 000 Inseln, wilde Seeufer auf ihn warten. Segeln in Nächten ohne Kompass, wenn man nicht mehr die Hand vor den Augen sieht, Krebsfeiern im August und Weihnachtsgelage ab Ende November. Er habe sich für die Nobelpreisfeier im Dezember in Stockholm als Kellner beworben. Wird er hier bleiben oder zurückgehen? Er weiß es nicht, er leide hier nicht, beteuert er. Er ist einer der wenigen in Rheinsberg, denen die Fremdenfeindlichkeit der Gegend wirklich auf den Nägeln brennt. Und wenn ich mich wieder einmal hoffnungslos verloren, unverstanden und von einer fixen Idee verfolgt fühlte, über die alle nur den Kopf schüttelten, spendierte er mir ein Glas Sekt, und seine hellblauen Augen wurden noch heller. Dann konnte ich mir bei ihm Luft verschaffen und mit ihm zusammen die Sache von allen Seiten beleuchten. Schließlich bringt er auch einen Hauch von Kosmopolitismus in die Stadt, und nicht zu vergessen die schwedischen Gerichte wie die wunderbare Krebskarte im September.

Ich verabschiede mich von Yvonne, der Bibliothekarin und ihrem Schmollmund, von dem man nicht weiß, ob er leicht vorwurfsvoll ist, bis ihr Lächeln plötzlich durchbricht. Sie ruft munter immer wieder eine Aktion, eine Veranstaltung, eine Lesung, eine Ausstellung, eine neue blitzgescheite Idee ins Leben. Und dabei spricht sie nie laut. Ich bin dankbar für diese Verve, die so leise, so dunkel daherkommt. Wie selten ist Schwung nicht dröhnend, lärmend. Die Verhältnisse hier, sie nennt die Rheinsberger Schildbürger, legen sich als Melancholie auf ihre Seele, aber sie hält ihr trotziges Trotzdem dagegen, immer wieder neu, ohne Resignation. Und ich würde mich auch immer wieder mit der tollkühnsten Idee an sie wenden. Sie würde mir keinen Vogel zeigen, würde ihr »Na klar, machen wir!« murmeln.

Und ich verabschiede mich von Karolin, die ich ganz sicher bald besuchen werde, wenn sie mit ihrem Freund und ihren Töchtern im neuen, alten Hexenhaus leben wird.

23. November

Am Vormittag fand mit den 7. Klassen im Musikraum der »Heinrich-Rau-Schule« eine Veranstaltung der Berliner Initiative »Courage gegen Fremdenhass«

statt, als deren Vertreter Peter Ensikat und ich auftraten. Dies wieder organisiert von Yvonne. Wir wurden hochoffiziell unterstützt von Bildungsminister Reiche, Bürgermeister Richter, dem SPD-Bundestagsabgeordneten Ernst Bahr und einem halben Dutzend Lehrer. Presse und Fotografen zugegen. Die Schüler waren, vielleicht auch deswegen, aber wie üblich, nicht sehr gesprächig, doch interessiert. Als wir nach eineinhalb Stunden fragten, ob wir weiter diskutieren wollen, kam von ihnen ein eindeutiges Ja. Mehr kann man im Moment nicht erwarten.

Was wir aber alle nicht wussten, während wir wacker über Zivilcourage gegen Gewalt sprachen, auch die Lehrer und die Direktorin nicht, dass am Abend zuvor ganz in der Nähe der Schule fünf siebzehn- bis neunzehnjährige Rheinsberger, zum Teil Schüler der Schule, einen fünfzehnjährigen Jungen mit dem Kopf gegen die Wand gestoßen, getreten, geschlagen haben: im Krankenhaus wird zur Zeit eine Computertomographie des Kopfes gemacht, Milzriss und Nierenprellung werden befürchtet. Nachdem sie ihn so zugerichtet hatten, sollen die Schläger ihn hochgehoben und gedroht haben: »Wenn du was sagst, machen wir dich alle.« N., der Leiter der Jugendbildungsstätte des DGB, erzählt mir das am Telefon; die Mutter des Verletzten arbeitet bei ihm. Sein erster Impuls ist, so schnell wie möglich von der Schule aus eine Kundgebung zu organisieren.

Ich lege den Hörer auf und – seltsam, nach dieser Nachricht überfällt mich ein Zittern. Was ist das? Es ist die Anspannung seit Monaten, es könnte etwas passieren – und nichts passierte. Es lag nur immer in der Luft. Nun ist etwas passiert, von dem niemand weiß, ob es etwas mit der rechten Szene zu tun hat. Aber der Überfall auf Peter Böthig, der hier immer präsent für mich war, nur von Woche zu Woche unheimlicher, unwirklicher, unfassbarer, weil kaum jemand ihn hier ernst nehmen wollte, bricht durch die friedliche Oberfläche wieder hervor und damit die schizophrene, unklare Situation der letzten Monate, in der ich nicht mehr wusste, ob meine Angst real oder nur eingebildet war.

24. November

Um 14 Uhr treffen sich die Direktorin, N., sein Mitarbeiter R. K. und ich bei Bürgermeister R. zu einem Gespräch. Die Polizei ermittelt. Vier der Täter sind gefasst worden und haben gestanden. Der fünfte ist noch flüchtig und wird der rechtsradikalen Szene zugeordnet. Es heißt, der Verletzte gehöre selbst der Bande an, es hätte sich um einen internen Streit gehandelt, einen Streit um Geld. Die Polizei vermutet, dass die Gruppe Einbrüche in Bungalows begangen habe und ist im Augenblick an keiner öffentlichen Aktion in Rheinsberg interessiert.

Man befürchtet auch, die Rheinsberger zu keiner Aktion bewegen zu können.

Und wieder eine unklare, uneindeutige, undeutliche Situation. Wie beim Überfall auf Peter Böthig, als man nicht wusste, was dahinter steckte. Schachmatt gesetzt durch Schweigen. Jedes Wort, auch mein Brief an die Rheinsberger – erstickt. Fühle mich, wenn ich ein Resümee meiner Stadtschreiberzeit ziehen wollte, mundtot gemacht. Du darfst nicht fragen, sprechen, schreiben über Probleme in Rheinsberg. Sprechen über Gewalt – sofort im Keim erstickt. Peter Böthig grüßt mich kaum noch. Hat sich eine Laus mit mir ins Fell gesetzt. Die Wahrheit aber hätte etwas Zärtliches; sie könnte weich machen. Und wieder nur Unklares, Stillhalten, Ruhebewahren. Ich weiß jetzt – die Ungewissheit, aus der heraus man nicht handeln kann, lässt mich zittern.

Das Leben geht weiter, leider, manchmal. Hatte ich mir doch einen sanften, freundlichen Abschied gedacht, voller Wehmut und mit dem zarten Bild des verschneiten Rheinsberg im Gepäck; und es kommt alles anders. Oder: der Kreis schließt sich unerwartet ganz anders. Es hört auf, wie es begann: mit Gewalt.

Anhang

Marina Zwetajewa, »Holunder«, deutsch von Sarah Kirsch, In: Ausgewählte Werke, Band 1, S. 173, Verlag Volk und Welt, Berlin 1989, **S. 1, 38, 98, 137, 195**

Kurt Tucholsky, Ausgewählte Briefe 1913–1935. Hg. von Mary Gerold-Tucholsky und Fritz J. Raddatz. Reinbek, **S. 12, 63**

Kurt Tucholsky, Ein Pyrenäenbuch. Reinbek 1962, **S. 21, 27, 40 f, S. 45 f., S. 58, S. 186**

Märkische Allgemeine Zeitung vom 26. August 1998, Seite 3; »Schade, daß es die DDR nicht mehr gibt«, Artikel und Interviews von Frank Schauka. **S. 50 f.**

Jean Améry, Jenseits von Schuld und Sühne. Bewältigungsversuch eines Überwältigten. München 1988, **S. 74 f., S. 76**

Märkische Allgemeine Zeitung vom 12./13. September 1998, S. 16, Artikel von Jürgen Rammelt. **S. 87**

Frankfurter Allgemeine Zeitung vom 20./21. August 1998 **S. 88 f**

Tagesspiegel vom 25. September 1998, Interview mit Barbara John: »Manche Ausländer fürchten sich schon vor einer Autobahnfahrt durch den Osten« **S. 130**

Kurt Tucholsky, Die fünfte Jahreszeit, Kaspar Hauser 1929. In: Gesammelte Werke, Hg. v. Mary Gerold-Tucholsky und Fritz J. Raddatz, Reinbek 1975, Bd. 7, **S. 160 f.**

Vanna Vannucini, »Der Sozialstaat bleibt ein Wunder«. In: DIE ZEIT, 9. November 1994, Seite 3, zitiert nach Christian Graf von Krockow, Von deutschen Mythen, München 1995 (dtv), **S. 177;** Feindbilder vermutet Krockow auf 175 f.

Bertolt Brecht, Das Leben des Galilei. Frankfurt am Main (edition suhrkamp), 1963, S. 114. **S. 193**

Tagesspiegel vom 2. September 1999 (Leserbrief); **S. 193 f**

Harold Brodkey, Venedig, Reinbek 1997, zusammengestellt, übersetzt und mit einem Nachwort versehen von Angela Present; **S. 197**

Märkische Allgemeine Zeitung vom 8. November 1998. **S. 206 f.**

Tagesspiegel vom 14. Juni 1999, »Bei türkischem Köfte kamen sich Berliner und Brandenburger Schüler näher«, Artikel von Ute Sturmhoebel. **S. 214 f.**

Rainer Maria Rilke, (1914): Wendung. In: Rilke, Ausgewählte Werke, Bd. 1, Frankfurt (Insel-Verlag), 1938, **S. 228**

Danksagung

Ich danke der Stiftung Preußische Seehandlung und der Kurt-Tucholsky-Gedenkstätte für die beiden Stipendien, die mir die Recherche zu dem Buch ermöglicht haben. Ich danke meinen Freundinnen Regine Ahrem, Khyana el Bitar, Marion Lange-Becker, Tina Buhmann, Rosetta Froncillo, Silke Homeyer, Christiane Keppler, Angelika Mühling, Uschi Müller – Teuwisse und Dorothea Waag, die mich praktisch und inhaltlich beim Schreiben unterstützt haben. Ich danke Markus. Und nicht zuletzt danke ich meiner Lektorin Krista Maria Schädlich für ihr Vertrauen, für Kritik und Zuspruch.